燦爛的笑容，幸福的智慧

A Bright Smile,
A Way to Happiness

在人生中，你會遇到自己無法解決的難題，
會遇到自己不屑一顧的事情，處理好這些複雜問題的祕訣，
就是把精力放在最重要的事情上。
集中精力把這些問題解決好，這是生存的智慧。

人生視野：59

燦爛的笑容，幸福的智慧

編著　江語馨
出版者　大拓文化事業有限公司
執行編輯　林秀如
美術編輯　蕭佩玲

總經銷　永續圖書有限公司
劃撥帳號　18669219
地址　22103 新北市汐止區大同路三段一百九十四號九樓之一
TEL　(〇二)八六四七—三六六三
FAX　(〇二)八六四七—三六六〇
E-mail　yungjiuh@ms45.hinet.net
網址　www.foreverbooks.com.tw

CVS代理　美璟文化有限公司
TEL　(〇二)二七二三—九九六八
FAX　(〇二)二七二三—九六六八

法律顧問　方圓法律事務所　涂成樞律師

出版日◇二〇一六年三月

國家圖書館出版品預行編目資料

燦爛的笑容，幸福的智慧 / 江語馨 編著.
-- 初版. -- 新北市 : 大拓文化, 民105.03
面 ;　公分. -- (人生視野 ; 59)
ISBN 978-986-411-033-9(平裝)
1.人生哲學 2.通俗作品
191.9　105000925

前言

有個小男孩一直想加入學校的棒球隊，卻因為技術不夠好而未能如願。可是，他還是希望有朝一日自己能夠圓了這個夢想，因為他想成為一個一流的投手。

於是，他每天都頭戴球帽、拿著球棒和棒球，全副武裝的到運動場上進行練習。在每一次投球前，他都對自己說：「我是世界上最偉大的投手！」可是，每次當他把球往空中一扔再用力揮棒時，卻都沒有打中。不過，他毫不氣餒，一次次失敗之後他仍然繼續練習，仍像上次一樣自信滿滿的說出那句話，然後扔球、揮棒……。

某一次，他又開始了嘗試。在無數次重複這樣單調的動作之後，這一次他擊中了！這時，他興奮的跳起來歡呼著：「原來我真的可能成為第一流的投手！」

你是什麼樣的人並不重要，重要的是你想要成為什麼樣的人。人，不是天生注定要傑出、優秀和一流的，之所以有人做到了這些，是因為他們志存高遠，並堅定的認為自己一定能做到！

像那位小男孩一樣，如果你想成為一個一流的投手，並堅信自己能夠做到。那麼，經過堅持不懈的努力，你一定能夠出色的實現自己的目標！

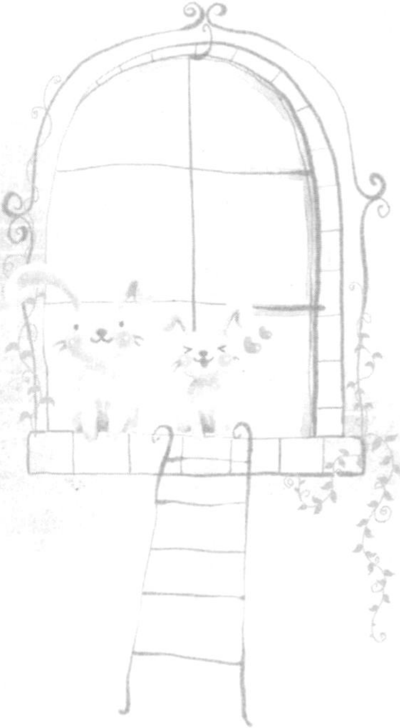

第一章

明白自己「不需要什麼」，才是智慧

不要總是想到自己要有所得，其實能給予才是更大的幸福。當你學會愛別人的時候你就會發現，原來在付出之時，你能體會到的是更寶貴的人間真情。學會愛別人，你才會真正明白人性之美。

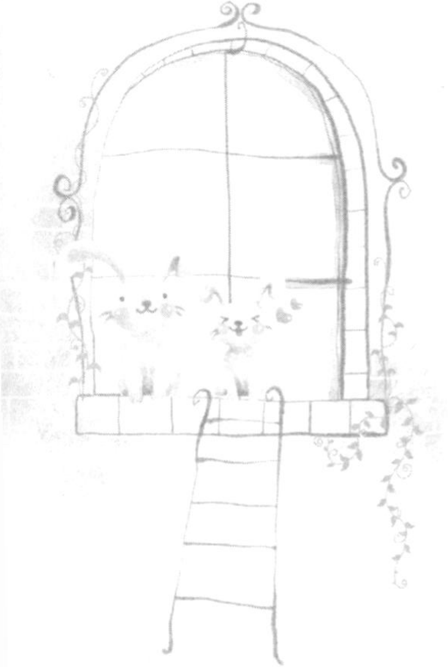

第二章
走出自我封閉的小圈子

人的專長互有長短，你解決不了的問題，對你的朋友、同事、親人而言或許就能輕而易舉的解決。請記住，他們就是你的資源和力量。當你遇到棘手的難題，有些想不清的困惑，面對複雜的任務時，不要再將自己困於一隅的孤軍奮戰，與身邊的人合作吧！合作可以帶來無窮的力量，也是鋪向成功的基石。

第三章
別讓壞習慣扼殺了成功的希望

習慣是什麼?習慣就是你習以為常，不經意就會做出的事情。但是它算是好事還是壞事呢?其實，習慣有時候能讓你感覺舒服，但是有時候卻也為你埋下了失敗的禍根。性格決定習慣，習慣決定成功。

第四章

動動腦筋，生活處處需要創新

智慧不僅僅是知識，智慧也是一種為人處世的藝術。它表現在於待人接物、言行舉止的適當度，以及反應靈敏等很多方面。智慧是急中生智和靈活的思維，智慧是別出心裁巧妙的解決問題。

第五章
決定你速度的不是雙腳，而是心靈的力量

如果連自己都對自己沒有正確的認識，也不相信自己有能力去做得更好，那怎麼能贏得別人的信任與尊重呢？你其實是最棒的！無論你是否漂亮是否帥氣，無論你是衣著簡樸還是華麗，無論你是生於豪門還是清貧之家，都要把頭高高昂起，信心滿滿對自己、對世界大聲的說：「我可以！」

第六章

實現從平凡走向非凡的蛻變

勇敢是每個人人生中所必需的一種性格。未來是不確定的，你可能遭遇困難，也可能遇到挫折，但是更多的是一些未知的事情。這個時候，勇氣就是助你前行的法寶。

Chapter 01

明白自己「不需要什麼」，才是人生的智慧

人是群居的動物，所以不可避免的要融入一個個群體，
還必須在一個個群體裡扮演各式各樣的角色。
當你還小的時候時候，可能接受的愛總是比你給予的愛要多一些。
可是你還是得保有一顆愛人的心，
因為懂得給予是一種美德，懂得幫助別人更是一種快樂。

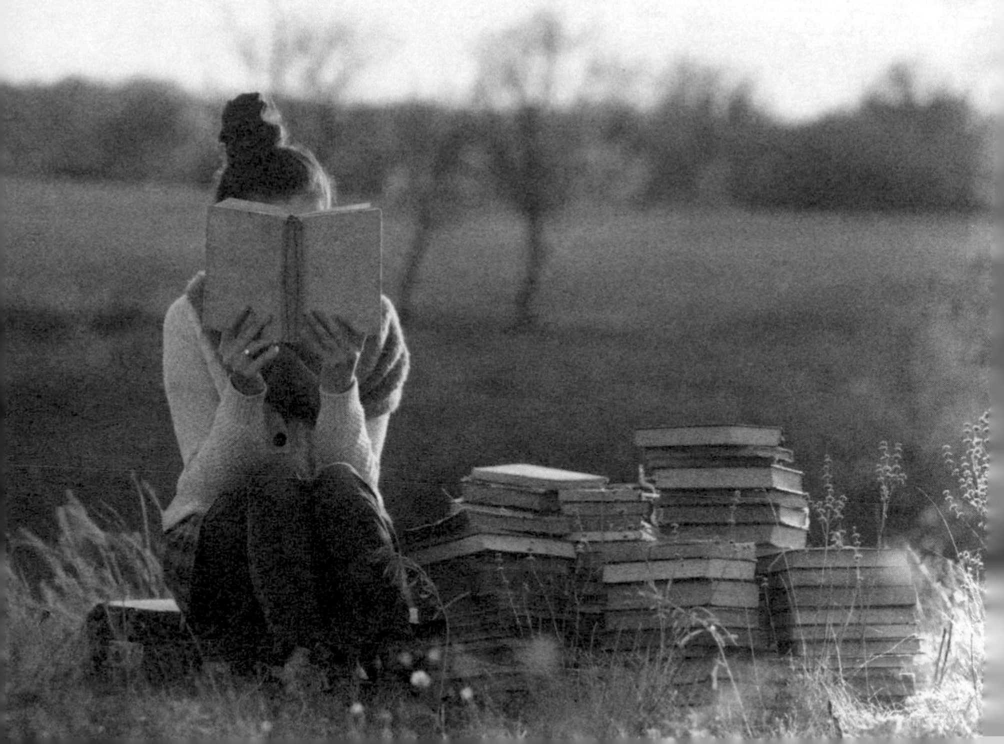

種花的郵差

小村莊裡有一位老郵差，他從十八、九歲起，便開始每天往返五十公里的路程，日復一日將信件送到居民家中。就這樣幾十年一晃而過，不管人、事、物如何變遷，只有那條郵局到村莊的道路，從過去到現在始終沒有變過的仍是滿目塵土，這樣荒涼的路還要走多久呢？他一想到必須在這無花、無樹又充滿塵土的路上，踩著腳踏車度過他的人生時心中總是有些遺憾。也想到無數的村民，每天進進出出都要面對這條單調的道路而覺得很遺憾。

有一天，在他送完信後，心事重重的準備回家時剛好經過了一家花店。他頓時靈光一閃的走進花店買了一把野花的種子。從第二天開始，他便在送信的路上，將這些種子撒在往來的路邊。就這樣，經過一天、兩天、一個月、兩個月……他始終堅持散播著野花的種子。

沒多久，那條已經來回走了幾十年的荒涼道路，竟開起了許多紅、黃各色的小花；夏天開夏天的花，秋天開秋天的花，四季盛開而不停歇。

種子和花香對村莊裡的人來說，比郵差送達的任何一封郵件更令他們開心。在充滿花香的道路上吹著口哨，踩著腳踏車的郵差，也不再是孤獨和愁苦的郵差了。

埋在地下的樹根使樹枝產生果實，卻並不要求什麼報酬。因為筆挺的樹幹、蔥鬱的樹枝和繁茂的葉子是對根最大的報酬。

給予最重要的意義並不在於物質方面而是在人性，人生如白駒過隙般的時光飛逝，何妨留下善行供後人乘涼。像那位郵差一樣，付出的是汗水、給予的是快樂，而他自己也因此感受到最大的滿足。

誰最需要雨衣

七歲的湯森和爸爸、媽媽、哥哥一起到森林裡郊遊。途中卻突然間下起雨來了，可是他們只帶了一件雨衣。爸爸把雨衣給了媽媽，媽媽卻將雨衣給了哥哥，而哥哥又把雨衣給了湯森。

湯森問道：「為什麼爸爸把雨衣給了媽媽，媽媽卻把雨衣給了哥哥，而哥哥又把雨衣給了我呢？」

爸爸回答道：「因為爸爸比媽媽強壯，而媽媽比哥哥強壯，哥哥又比你強壯呀，我們都會保護比較弱小的人。」湯森聽完後，左看右看的跑過去將雨衣撐開來，擋在一朵在風雨中飄搖的嬌弱小花上面。

真正的強者，不一定是多麼有能力或者多麼有錢，而是他對別人有多少幫助。給予別人關懷與幫助的人，即使然弱小卻也強大。

真誠愛別人，就要在別人最需要的時刻，給出自己的真心與幫助；而更難的則是，在自己也同樣需要這些的時候，能放棄自己的利益去幫助別人，他們更是因此而強大，因此而偉大。

上帝送給他的禮物

二次大戰的時候，英國有一位工人在趕著做一批木箱，那是當地教堂用來裝衣服要運出國去救助孤兒的。在下班回家的路上，工人伸手到他的襯衣口袋裡去摸他的眼鏡，突然發現他的眼鏡不見了。工人急出了一身汗，也在腦子裡把他這一天做過的事，仔細的過濾了一遍，最後的結論是「在他不注意的時候，眼鏡從襯衫口袋裡滑落出去，掉進他正在釘的木箱裡了。」

他又急又惱卻也無可奈何，因為當時正逢戰爭，經濟很不景氣。他要養活五個孩子，所以生活非常吃緊，而那副眼鏡還是那天早上他花了三十英鎊買來的。

工人為了必須重新買一副眼鏡而傷心不已，「是要到哪再去湊出這筆錢啊……」在回家途中，他沮喪萬分的不停嘀咕著。

半年後戰爭勝利，一位傳教士回國休假並拜訪了工人所在地區的那所小教堂。傳教士一開口就熱情感謝那些援助過戰區的人們。最後他加重語氣說道：「我必須感謝去年你們送給我的那副眼鏡。

「大家都知道，侵略者掃蕩了那裡，他們毀壞了所有的東西，也包括我的眼鏡。我當時幾乎絕望了，因為就算有錢，在當時也無法重新配一副眼鏡。因為眼睛看不清楚，我開始天天頭疼。我和同事們天天祈禱著能有一副眼鏡出現，然後你們的箱子就運到了。

當同事打開箱蓋時，他們發現一副眼鏡躺在那些衣服上。而我戴上那副眼鏡時，發現它簡直就像是為我訂做的一樣！我的世界頓時清晰，頭也不疼了。我要感謝你們，是你們為我做了這一切！」

人們聽了，紛紛為那副奇蹟般出現的眼鏡而歡欣，但是他們同時也在想，這位傳教士老兄一定是搞錯了，「我們並沒有送他眼鏡啊！」因為當初的援助物資清單上，根本就沒有眼鏡這一項。

此刻，只有一個人清楚這是怎麼一回事。

他靜靜的站在後排，眼淚無法停止的流下來。在所有的人當中，只有這個普通的工人知道上帝是以怎樣奇特的方式創造了奇蹟。

原來，是上帝借走了他的眼鏡送給了祂認為更需要的人。工人雙手合十，默默祈禱，淚水已經滴濕了他的雙手……。

援助物資是人們送給受戰爭迫害的人民的禮物，而那副眼鏡是上帝送給傳教士的禮物，也只有上帝才會安排如此的造化，成全人們的心願和收穫。而對於那位不小心丟了眼鏡的工人來說，上帝也給了他一份禮物，那就是欣慰與幸福。因為給予，所以幸福。

送你一輛車

新年時，戴維的哥哥送他一輛新車當作新年禮物。有一天，戴維離開辦公室時，看見一個小男孩繞著那輛閃閃發亮的新車十分讚嘆的問道：「先生，請問這是您的車嗎？」

戴維點點頭：「這是我哥哥送給我的新年禮物。」

小男孩滿臉驚訝的說：「您是說，這是你哥哥送的禮物！您沒花費任何代價就得到了！我也好希望能……」當戴維以為他是希望能有個送他車子的哥哥時，那小男孩所說的話，卻讓戴維十分震撼。

「我也好希望能成為送車給弟弟的哥哥啊。」小男孩繼續說。

戴維驚訝的看著那小男孩，繼而脫口而出的邀請他：「要不要坐我的車去兜風？」

小男孩興高采烈坐上車。在繞了一小段路之後，那孩子興奮的說：「先生，您能不能把車子開到我家門前？」

戴維微笑著答應了。他心想，這小男孩一定是想要跟鄰居炫耀，讓大家知道他坐了一台好車回家。

「你能不能把車子停在那兩個台階前？」小男孩接著要求道。

下了車的小男孩跑上了台階，過了一會兒戴維聽到他走回來的聲音，但動作似乎有些緩慢。原來，他帶著跛腳的弟弟一起走出來。

小男孩將弟弟安置在台階上並緊緊的抱著他，指著那輛新車說：「你看，這就是我剛才在樓上告訴你的那輛新車。這是戴維他哥哥送給他的哦！將來，我也會送你一輛像這樣的車，到時候你就能去看看那些掛在窗口的漂亮飾品了。」

感動萬分的戴維，走下車子將跛腳的小男孩抱到車子前座，而滿眼閃亮的小男孩，也爬上車子坐在弟弟旁邊依然緊緊的抱著他。就這樣，他們三人開始了一次令人難忘的假日兜風。

給予，看起來是放棄了物質利益；然而實際上，是把自己的快樂、興趣、同情心、諒解、知識、幽默、憂愁——把自己身上存在的所有東西的表情和表現給予別人。在他把自己的生命給予別人的時候，他也增加了別人的生命價值，豐富了別人的生活。

因為給予、因為分享，讓人們豐富了自己的精神層次，這就是愛的力量。

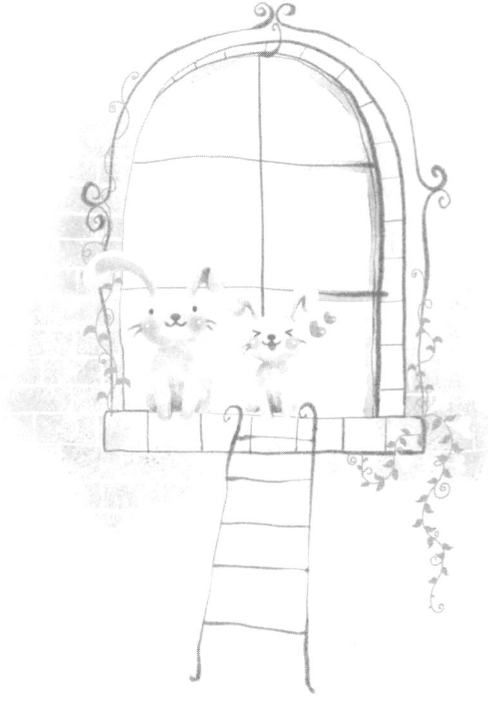

生活的美好，在於與人相處

許多年前，一位歐洲的探險家納威達，來到一個石灰岩地型所形成的地下溶洞裡，準備開始長達一年的地下生活體驗。

他住在溶洞的帳篷裡，裡面除了配有科學試驗用的儀器設備外，還設有起居室、廁所、工作室和一個小小的植物園。在洞外山頂上的控制室裡，研究人員透過監視器，觀察納威達一個人在長期孤獨生活的情況下，生理方面會產生哪些變化。

在兩千多米深的溶洞裡，周圍是一片死沉、寂靜。在剛開始半個月左右，因為寂寞與孤獨，納威達曾感到害怕也懷疑自己能否堅持到底，但是後來還是撐下來了。這段期間他幫果樹和蔬菜澆水、看書、寫作或看影片。一年中，他抽了將近四百盒香菸，看了一百部影片。工作室裡還備有一輛讓他健身用的自行車，而他居然騎了將近兩千公里。

度過了一年多暗無天日的地下生活後，納威達終於重見天日。這時，他的體重下降了二十公斤，臉色蒼白而削瘦，人也顯得憔悴，免疫系統功能更是降到最低點；如果有兩人同時向他問話，他的大腦就會產生混亂；他變得情緒低落、不善與人交談。雖然他渴望與人相處、希望熱鬧，但卻已喪失了交際能力。

納威達說：「在洞穴裡度過了一年，才知道人只有與人在一起的時候，才能享受作為『一個人』的全部快樂。」這場實驗讓他明白了一個人生的奧祕：生活的美好，在於與人相處。

人與人相處固然會產生摩擦與矛盾，但是如果消極逃避社會，就會像納威達一樣會遇到另一方面的問題。生活的美好在於與人相處，在於愛別人、關懷別人、幫助別人，同時也得到別人無私的幫助。

因為有愛，所以世界才會美好。

幫助別人就是幫助自己

某天夜裡，一對老夫妻走進一家旅館，他們想訂一個房間，櫃台服務生回答說：「對不起，我們旅館已經客滿了，一間空房也沒有。」

但是櫃台服務生看著這對老人疲憊的神情，所以不忍心的說：「那我來想想辦法吧。」

好心的服務生將這對老人帶領到一個房間說：「這個房間也許不是最好的，但現在我只能做到這樣了。」

老人見到眼前其實是一間整潔又乾淨的屋子，就愉快的住了下來。

第二天，當老夫妻來到櫃台結帳時，服務生卻對他們說：「不用了，因為我只不過是把自己的房間借給你們住一晚而已——祝你們旅途愉快！」

讓出自己房間的服務生，自己一晚沒睡的在櫃台值了整個通宵的夜班。

兩位老人十分感動，老先生說：「孩子，你是我見過最好的旅店經營人，你會得到回報的。」

服務生笑了笑說：「這算不了什麼啦。」

他送老夫妻出了門，轉身接著忙自己的事，也把這件事情忘了個一乾二淨。沒想到過了不久，服務生接到了一封信，裡面有一張去紐約的單程機票並有簡短附言，信上說要聘請他去做另一份工作。

服務生搭乘飛機來到紐約，按信中所標示的路線來到一個地方。他抬頭一看，一座金碧輝煌的大酒店聳立在他的眼前。

原來，幾個月前的那個深夜，他接待的正是一個有著億萬資產的富翁和他的妻子。

富翁為這個服務生買下了一座大酒店，也深信他會經營管理好這個大酒店。

而這位年輕的服務生，就是全球赫赫有名的希爾頓飯店首任經理。

當遇到需要幫助的人時，你是否願意停下來為他們想想辦法？在別人遇到問題的時候，你是否會伸出援手？

或許在不經意間，受幫助的不僅是別人還包括你自己。因為能給予是一種美德，願意付出更是一種快樂，在幫助別人的時候，也將為自己播下快樂的種子。

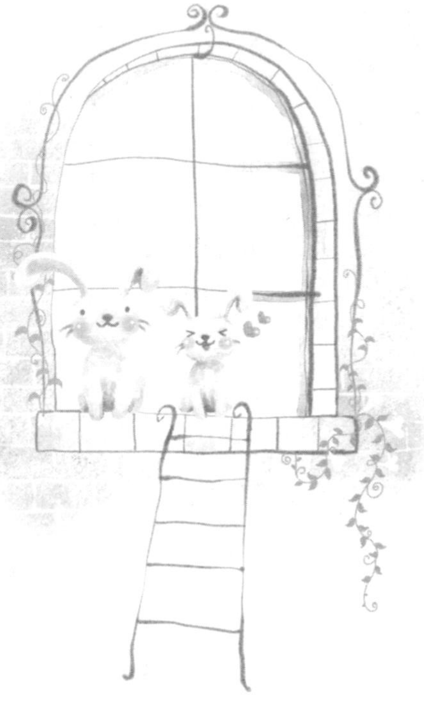

別往別人的心上敲釘子

從前有個脾氣很差的小男孩叫洛迪，父親很為他的壞脾氣而煩惱。有一天，父親給了他一大包釘子，要求他每發一次脾氣就必須用鐵錘在後院的柵欄上釘一個釘子。第一天，洛迪在柵欄上釘了三十七個釘子。第二天，釘了二十八個釘子。過了幾個星期，由於學會了控制自己的憤怒，洛迪每天在柵欄上釘釘子的數目逐漸減少了。他發現，控制自己的壞脾氣比往柵欄上釘釘子要容易多了……最後，洛迪變得不愛發脾氣。他把自己的轉變告訴了父親，他父親又建議說：「如果你能持續一整天不發脾氣，就從柵欄上拔下一個釘子。」經過一段時間，洛迪終於把柵欄上所有的釘子都拔掉了。

父親來到柵欄邊對男孩說：「兒子，你做得很好。但是，你看釘子在柵欄上留下了什麼呢？是那麼多的小孔，而柵欄再也不是原來的樣子了。當你對別人發過脾氣之後，就會在人們的心靈上留下疤痕。就好比用刀子刺向了某人的身體，然後再拔出來。無論你說了多少次對不起，那傷口都會永遠存在。所以，口頭上的傷害與肉體的傷害是沒兩樣的。」

一些隨口而出的話，可能深深的傷到別人；一些出於無心的舉動，可能會對別人造成很壞的影響。

想學會愛別人，就請為別人多考慮一點，不要做傷害別人的事。不要等到傷害已經造成的時候再想著如何彌補，那時已經太遲了，因為心靈上已經留下了傷疤。

有記號的百元鈔票

陳銘出身窮苦，在他四歲時父親就過世了，媽媽只好幫人家洗衣服賺錢。看到媽媽那麼辛苦的賺錢養家，這讓他從小就知道自己應該格外努力。

十八歲那年，陳銘以優異的成績考上大學，母親為了幫他湊足學費還曾去賣過血。陳銘也瞞著母親去賣過血，去工地打工搬磚塊磨破了手，做過小販喊疼了嗓子，為的是幫母親減輕一些負擔。

大一的寒假，陳銘回家看到母親在寒冷的冬天裡幫人洗衣服，手都凍裂了。媽媽說：「別的工作不好找，只有洗衣服。一件兩塊錢，那些都是富有人家的衣服，他們怕洗衣機洗壞了。」

有一天，母親領到錢高興的說：「兒子，媽媽賺了三百塊錢。」說著就掏口袋，誰知口袋裡只剩下兩張百元紙鈔！母親一下子慌了，只說了一句

「我的一百塊不見了」就慌慌張張的跑了出去。外面正下著雪，母親沿著回家的路線去找錢。看得出來，那一百塊對她而言真的很重要。因為那一百塊是母親一個月的生活費，也是陳銘一個月的菜錢啊！母親出去了，他也隨著母親走出去。外面很黑，母親拿著手電筒一邊走一邊找，陳銘的眼淚跟著掉下來了。是啊，那是母親洗五十件衣服的酬勞啊！他在院子裡找來找去，沒有；去外面的路上找，還是沒有。心想就算掉在路上，應該也早讓人撿去了吧？而母親卻依然在寒風中，來來回回的找了三趟。

他心疼的說：「媽，別找了，天亮了再找吧。」母親卻堅持找下去。手電筒的光線晃在黑夜裡，刺得陳銘的心好疼。於是，他從母親給的生活費中抽出一百塊放在院子裡。他想，這是讓母親高興的最好辦法。

果然，他聽到母親驚喜的聲音：「孩子，錢找到了！」

陳銘跑了出去，配合著母親的驚喜，母子倆興高采烈回到屋子裡。母親說：「就當沒找到。來，給你。要多吃點好的，你都變瘦了。」

幾年之後陳銘大學畢業，也有了一份好工作。他把母親接到城裡，母親再也不用幫人家洗衣服了。那張百元大鈔，陳銘捨不得花還一直留著。因為那是他和母親找到半夜的一張百元紙幣，那是溫暖、是踏實。過了幾年，陳銘偶然間提起這事，笑著對母親說：「媽，那一百元是我放在那裡的。」

母親說：「我知道」。

陳銘驚訝的問：「妳怎麼知道？」

母親說：「我領的錢我都有做記號，上面寫著一、二、三，而那張百元紙幣上面沒有記號，又是在院子裡撿到的，我知道那是你怕我著急放的。我想，兒子這麼心疼我，我不能再找了。既然丟了找不回來，為什麼不讓兒子放心呢？」陳銘上前用力的抱住了母親，眼眶濕了。

父母愛孩子總是無條件的付出；孩子也應該以這樣的感情來愛自己的父母。只知道獲得的人是自私的，因為他們只圖不勞而獲，只知道索取，或者只知道等待別人放棄某些東西；懂得給予的人是偉大的，因為他們知道任何東西都不是只屬於一個人。財富和物質的本性，就是要與人一起分享。愛，如果是相互的，將會把真情無限放大，也將會把幸福感無限放大。

一杯水償還醫療費

有個貧窮的孩子為了湊足學費，到外地挨家挨戶的推銷商品。他敲開了一戶人家的門，而開門的是一個年輕的婦人。他一看便失去了勇氣，心想：「我賣的東西，她一定是不需要的！」可是當時他很渴，於是他並沒有推銷自己的商品，而是向婦人要了一杯開水喝。年輕的婦人看出他非常飢餓，於是拿了一杯開水與幾塊麵包給他。他很快把食物接過來並狼吞虎嚥的吃著，一旁的她看到他這種吃法，不禁偷偷的笑了。

吃完後他很感激的說：「謝謝妳，我應該給妳多少錢？」

她笑笑說：「不必啦，這些食物我們家很多。」

貧窮的孩子覺得自己很幸運，在這陌生的地方還能受到他人如此溫馨的照料。多年以後，那位婦人感染了一種罕見的疾病，病情讓許多醫生都束手無策。她的家人聽說有一個醫生的醫術很高明，找他治療或許還有治癒的機會，便趕緊帶她去接受治療。在醫生的全力醫治和長期護理下，婦人終於恢復了往日的健康。

在出院的那一天，護士給了她醫療費用帳單，可是婦人幾乎沒有勇氣打開來看。她心裡知道，這鐵定是一筆要一輩子辛苦工作才還得起的醫療費用。可是最後她還是打開了，而她看到簽名欄上寫著一段話：「一杯水與幾塊麵包，這已經足夠償還所有的醫療費。」眼裡含著淚水的她知道，她的主治醫生就是當年那個敲門的孩子。

給予別人，不論是物質利益，還是情感關懷，都是值得讚嘆的。而且你也要相信，當你無私給予別人幫助的時候，上天也會默默記下你的善行，說不定哪天當你需要別人幫助的時候，你也會一樣幸運！

賣房子的老太太

有位孤獨的老太太，無兒無女又體弱多病，於是她決定搬到養老院去。老太太宣布出售她漂亮的住宅，這讓購買者聞訊的蜂擁而至。

住宅底價十萬美元，但人們很快就將它炒作到了十五萬美元，而且價錢還在不斷的攀升。

老太太坐在沙發裡滿臉憂鬱，因為要不是健康不佳，她是不會賣掉這棟陪她度過了大半生的住宅。可是，如果賣不出去，那她就沒錢住進養老院了。

有一天，一個衣著樸素的小伙子來到老太太眼前，彎下腰低聲說：「夫人，我也很想買下這棟住宅，但是我只有五萬美元。可是，如果您能把住宅賣給我，我保證會讓您依舊生活在這裡，和我一起喝茶、讀報、散步，天天都快快樂樂的——相信我，我會用整顆心來照顧你！」

老太太頷首微笑，真的把住宅以五萬美元的價錢賣給了這位小伙子。

人生中，如果只能用金錢來衡量人與人之間的關係，那就太可悲了。不管是誰，只要他能慷慨的給予，他就是個富有的人。他把自己的一切給予別人，進而體驗自己生活的意義和樂趣。從給予中得到樂趣和滿足而得到關愛和給予的人，也會因此而快樂幸福。

一頂帽子的奇緣

湯姆從父親的手中接下了一家食品店，這家古老的食品店，從很早以前就已經很出名了。而湯姆希望它在自己的手中，能夠發展得更加壯大。一天晚上，湯姆在店裡收拾行李，準備第二天一早就和妻子一起去度假。他打算今晚要早一點關店休息以便為度假作準備。突然，他看到店門外站著一個面黃肌瘦、衣服襤褸、雙眼深陷的年輕人。

湯姆一向是個熱心的人，於是他走出去對那個年輕人說：「小伙子，有什麼需要我幫忙的嗎？」

年輕人略帶靦腆的問道：「請問，這裡是湯姆食品店嗎？」他說話時，還帶著濃厚的加拿大口音。

湯姆：「是的。」年輕人更加靦腆了，他低著頭小聲的說道：「我是從加拿大過來找工作的，可是整整兩個月了，我仍然沒有找到一份合適的工作。我父親年輕時也來過美國，他告訴我，他在你的店裡買過東西，喏，就是這頂帽子。」

湯姆看見小伙子的頭上戴著一頂十分破舊的帽子，那個被污漬弄得模模糊糊的「V」字形符號正是他店裡的標記。

「我現在沒有錢回家，也好久沒有吃過一頓飽餐了。我想……」年輕人繼續說道。

湯姆知道了眼前站著的人，只不過是多年前一個顧客的兒子。但是，他覺得應該幫助這個小伙子。於是，他把小伙子請進了店內，好好的讓他飽餐了一頓，並且還給了他一筆費用讓他回到加拿大。

不久，湯姆便將此事淡忘了。

過了十幾年，湯姆的食品店越來越興旺，也在美國開了許多家分店，所以他決定向海外擴展。由於他在海外沒有根基，要從頭發展也是很困難的，為此湯姆一直猶豫不決。

這時，他突然收到一封從加拿大寄來的一封陌生人的信。寫信的人，原來就是多年前他曾經幫過的那個流浪青年。此時那個年輕人已經成了加拿大一家大公司的總經理，他在信中邀請湯姆來加拿大發展與他共創事業。這對於湯姆來說真是喜出望外，有了那位年輕人的幫助，湯姆很快的在加拿大建立了他的連鎖店，而且發展得異常迅速。

湯姆的成功是運氣使然嗎？是的。但關鍵在於他為自己創造了運氣。偶然的一次雪中送炭，換來的是多年後的發展機遇。在遇見需要幫助的人時，熱心伸出了一雙手，看似一飯一菜、不足掛齒，但他贏得的是小伙子深埋於心的感恩之情，也在不經意間為自己日後的事業發展鋪好了陽光大路。

吃虧也是受益

戰國時期，齊國的孟嘗君以養士出名，由於他待士誠懇，有一個叫馮諼的落魄人前來投靠他。有一次，孟嘗君叫人到其封地薛邑討債，馮諼自告奮勇的去了。臨行前，馮諼問：「需要用討回來的錢買些什麼？」，孟嘗君則要他買點家裡沒有的東西。馮諼到薛邑後，看見老百姓的生活十分窮困。他們聽說孟嘗君的討債使者來了均有怨言，於是馮諼召集邑中居民說：「孟嘗君知道大家生活很困難，這次特意派我來告訴大家，以前的欠債一筆勾銷，利息也不用償還。他還叫我把借據也帶來，今天當著大家的面把它燒燬，從今以後再不催還。」說著，馮諼果真點起一把火把借據都燒了。薛邑的百姓沒料到孟嘗君如此仁義，人人感激涕零。

馮諼回來之後，孟嘗君得知實情很不開心。馮諼說：「你不是說叫我買家中沒有的東西嗎？我已經幫你買回來了，就是『義』啊！焚券市義，這對您收買民心大有好處！」孟嘗君雖然表面上不好說什麼，但心裡還是不喜歡馮諼的自作主張。

多年後，孟嘗君被人譖讒，官位不保，食客也走了大半，只好躲回封地薛邑。沒想到，薛邑的百姓聽說他回來了，大家傾城而出，夾道歡迎。孟嘗君頓時感動不已，終於體會到了馮諼「市義」的苦心。

人與人之間的相處，不要事事都非要「得到」，一點虧也不吃。得失之間的轉化並不是立即就能看到的，馮諼就深知「吃虧是福」的奧妙。吃虧，往往是為後來作鋪墊，為將來下定錢。多吃一點虧，給別人好處，也是給自己後路。

站在對方的角度想一想

莊園中，有一隻公雞、一隻乳牛和一頭綿羊，牠們生活在同一個畜欄裡。主人常常牽出綿羊來擠奶，或者抓出小羊來剪羊毛。

有一天，主人捉住公雞，公雞大聲叫著拚命抵抗。乳牛和綿羊非常討厭公雞的嚎叫便說：「主人也常常把我們抓出去啊，沒什麼大不了的，你這麼大呼小叫的幹什麼！」

公雞聽了回答道：「朋友啊！主人捉你們和捉我完全是兩回事呀！他捉你們，只是擠出牛奶來喝或者剪下羊毛去賣。但是捉我，卻是要我的命呢！」

乳牛和綿羊為什麼不能理解公雞歇斯底里的嚎叫？其實只是因為他們不知道一隻雞被拖出去，將意味著什麼。

當人和人所處的立場不同，所處的環境不同時，都很難理解對方最真實的想法，以及為什麼會產生這樣的想法。對於別人一時的失意、偶爾的衝動以及某些獨特的想法，我們都不應該幸災樂禍或者吹毛求疵的批評，而應該以一顆包容的心去試著理解對方，在理解的基礎上去關懷、去幫助對方。這也是為對方著想、是愛別人的一種表現。

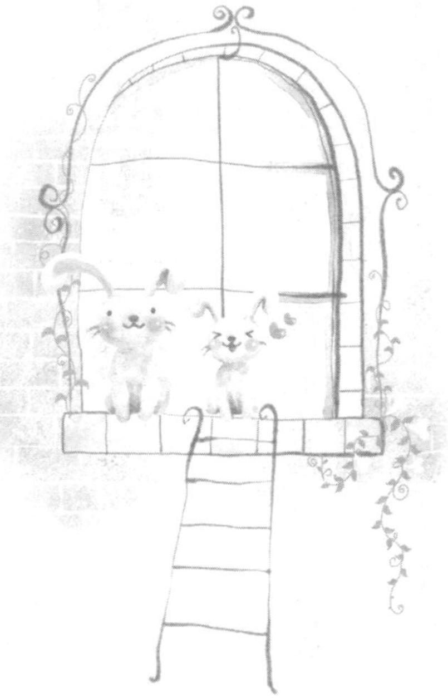

一條錶帶與一把梳子

著名的作家歐亨利的小說裡，曾經有這樣一段經典的故事：吉姆和德拉是一對夫婦，他們過著貧窮、勉強才能維持的生活，除了彼此，他們幾乎一無所有。德拉有著一頭美麗的金髮，而吉姆有一只家傳的金錶，這些是他們所唯一值得炫耀的資產。

聖誕節快到了，德拉一直想幫吉姆的金錶配一條漂亮的錶帶，可是平時存下來的錢太少了，根本不夠買一條比較好一點的錶帶。

她想來想去，最後忍痛剪下自己的長髮賣給了理髮店，用賣得的錢幫吉姆買了一條最好的錶帶。吉姆回到家後，吃驚的看著德拉的短髮。因為，他幫德拉買了一套漂亮的玳瑁梳子，讓她可以將她美麗的金髮盤成各種好看的樣式，德拉一直想擁有這樣一套梳子的！可是現在她的長髮剪掉了。

德拉安慰他說：「我的頭髮還會再變長的，頭髮長了就可以用這些漂亮的梳子啊。」吉姆寬慰的笑了。這時，德拉拿出自己幫吉姆準備的錶帶，而吉姆一臉無奈的告訴她，為了幫她買那套梳子，他將自己的金錶賣掉了！

「施」比「受」更有福。獲得是一種幸福，給予也是一種幸福，而且是持久的幸福。因為，為「獲得」而快樂，只是一個人獨享的快樂；為「給予」而快樂，則是給予者和接受者雙倍的快樂。

吉姆與德拉都為對方著想、為對方付出，那麼他們的快樂就會無限放大。給予和付出如果是相互的，那麼得到的快樂也將會是無限的。

在活著的時候送花

有位母親她辛苦的支撐著一個家，卻從未得到家人的任何感激。

有一天晚上，她問她的先生：「羅斯，我想……萬一有一天我死了，你會不會花一筆錢買花向我哀悼？你會嗎？」

「當然會啊！茱莉，妳幹嘛問這個？」

「我只是在想……其實到那時候，那些鮮花對我來說已經一點意義也沒有了。但是在我還活著的時候，有時候只要一朵鮮花，對我來說卻很有意義。」

茱莉的感嘆，不也正是你周圍每個人內心深處吶喊的心聲嗎？有時只要

「一朵鮮花」，便能帶給別人活下去的希望和喜悅。

現實生活中，許多人奉行著「你滿足我的需要，然後我才滿足你」的原則，可是如果只是一味的衡量與等待，那麼「給予」的意義又何在？如果一句感激的話或一點感激的舉動，就能使一個人更快樂，那你何樂而不為？既然已經樂於給予了，那又為何不趁早？給予要及時，這樣才最有效。

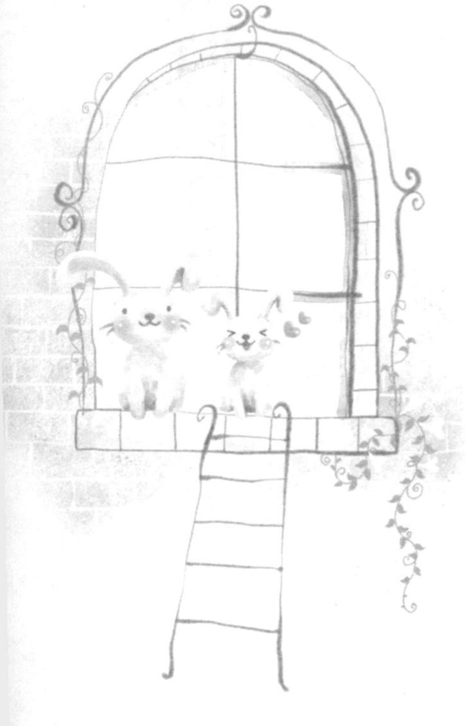

Chapter 02

走出自我封閉的小圈子

在萬事快速變遷的今日，合作無處不在。

商業上的合作創造了更多的價值；

工業也因為合作而實現了更偉大的突破；自然界裡也有各式各樣的合作。

如果只用一根筷子吃飯，它幾乎連塊肉都夾不起來。

但是使用「一雙」筷子，就可以享受無窮的美味。

只有合作才能發揮單個個體無法具有的力量，

才能擁有大於個體的力量，這就是「一加一大於二」的道理。

這是我的葡萄籐

有一個很可惡的農夫死了，因為他生前從來沒有沒有做過一件善事，於是魔鬼便把他抓去，扔進火海裡。

守護他的天使站在外面，覺得自己必須想出農夫的一件善行，好能去跟上帝說這位農夫的好處來解救他。

天使想啊想的終於想到了！於是跟上帝說：「農夫曾在菜園裡澆灌過一株葡萄籐，讓它免於枯死。」

上帝說：「那你就拿那根葡萄籐，到火海邊遞給他，讓他抓住，拉他上來。如果你能從火海裡拉他上來，就能把他拉到天堂去。但是如果葡萄籐斷了，他就必須留在火海裡，像現在一樣。」

天使跑到農夫那裡，把一根葡萄籐伸給他，對他說：「喂！農夫，你抓好，等我拉你上來。」天使開始小心的拉他起來。

此時，火海裡其他的罪人也想上來，但是農夫卻用腳踢開他們說：「人家是要拉我，不是拉你們！這是我的葡萄籐，不是你們的！」

他才剛說完這句話，葡萄籐就斷了，農夫再度掉進火海，天使只好哭泣著走了。

農夫後來才知道，這根葡萄籐其實是可以承受許多人的重量的，而上帝也想藉此機會考驗他，只是農夫沒有通過這次考驗。

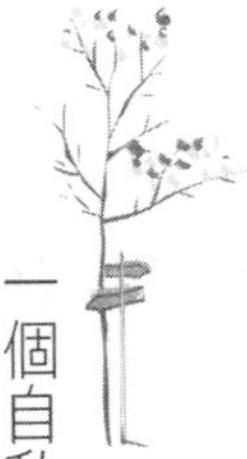

一個自私的人是不會跟別人好好合作的，而他自己也不會有所收穫。合作的基礎是信任、是給予、是無私。一個自私自利的人，就像那個苦守自己葡萄籐的自私農夫，最終仍無法逃離火海。

內訌的龍蝦

抓龍蝦的漁民，往往會攜帶一個有小蓋子的竹簍，當捉到第一隻龍蝦時，他們會把蓋子蓋緊，以防止龍蝦逃走。但是等捉到第二隻龍蝦以後，漁民卻不再把蓋子蓋上了。

這是為什麼？

原來，當捉到兩隻以上的龍蝦時，每一隻都會爭先恐後的朝出口處爬去，但是竹簍口很窄，只能允許一隻龍蝦通過，所以當一隻龍蝦爬到簍口時，其餘的龍蝦就會用威猛的大鉗子抓住牠，將牠拖到下層，由另一隻強大的龍蝦踩著牠往上爬。所以，儘管簍口一直是敞開著的，但是卻沒有一隻龍蝦能夠幸運脫離牢籠。

競爭雖然時常發生，但往往合作才是最好的解決問題方式。

龍蝦們求生的慾望，使得問題從有序變成無序，也由競爭變成了亂爭，每一隻龍蝦都會面對來自四面八方不擇手段的攻擊，因為自己也是如此對待別人。

每隻龍蝦都苦苦掙扎到簍口，卻又再度被同類拖回深淵。危機情況下，只有合作才是最好的選擇。

乒乓球逃生

曾有一位教育家，他邀請某所著名學校的幾個小學生做了一個小實驗。他在一個小口瓶裡，放著八個穿線的乒乓球，線的一端露出瓶子。

這只瓶子代表一幢房子，乒乓球則代表屋裡的人。

而實驗題目是，當房子突然起火時，只有在規定時間內逃出來的人才有可能生存。他請學生各拉一條線，聽到哨音便以最快的速度將球從瓶中取出。

實驗即將開始，所有的目光都集中在瓶口上。

哨音響了，八個孩子一個接著一個，依序從瓶子裡取出了自己的乒乓球，總共只用了五秒鐘！在場的人看了全都鼓掌了起來。

這位專家連聲讚嘆的說：「真了不起！真是了不起！我在許多地方都做

過這個實驗，但是卻從未成功，最好的成績頂多也只逃出一、兩個人，而且多數情況還是幾個乒乓球同時卡在了瓶口。從你們的身上，我看到了可貴的合作精神。」

同樣的試驗，在其他的地方卻發生不同的結果，那就是其他的孩子都爭先恐後的想要先將自己的球拉出來，結果全卡在了瓶口。而這幾個小學生的互相合作卻讓無序變有序，並且讓每個人都得到了自己的機會與利益。

在地獄，還是天堂

有人和天使討論天堂和地獄的問題。天使對他說：「來吧！我讓你看看什麼是地獄。」

他們走進一個房間，裡面有一群人圍著一大鍋燉肉，但每個人看上去卻是一臉餓相、身體骨瘦如柴。裡面的每個人都有一支湯匙，但湯匙的柄比他們的手臂還長，自己無法把燉肉送進嘴裡。

有燉肉卻吃不到，只能望「肉」興嘆、無可奈何。

「來吧！我再讓你看看天堂。」天使把這個人帶到另一個房間。這裡的一切和剛才那個房間沒什麼不同，同樣是一鍋肉、一群人、一樣的長柄湯匙，但大家卻都身寬體胖，還快樂的歌頌著幸福。

「為什麼？」這個人不解的問：「為什麼地獄的人吃不到燉肉，而天堂的人能吃到？」天使微笑著說：「很簡單，因為在這裡，他們都會餵別人。」

同樣的燉肉，同樣的湯匙。有的人骨瘦如柴，有的人卻身寬體胖，這就是地獄和天堂的區別。

骨瘦如柴的人們是缺少吃燉肉的機會嗎？其實不是。他們只是不懂得怎麼去利用這個機會，怎麼在合作中實現彼此的機會。只有合作，才能讓彼此都吃到美味的燉肉，吃到美味的食物，而其他的許多情況也是如此。

怎樣煮出美味的湯

許多年以前，有兩個探險家經過了一片荒無人煙的原野，他們經過與死神數次的較量之後，好不容易才走到了一個村莊。

此刻的他們已經又累又餓、飢寒交迫，於是向村民請求，希望給他們一點食物充飢。

只是，住在這裡的村民因為連續的戰爭，作物收成都很不好，所以沒有人捨得將珍貴的糧食分給探險家。

他們把自己僅有的一些食物藏了起來，然後告訴探險家說他們自己也缺衣少食，很遺憾不能招待他們飽餐一頓。

兩個探險家竊竊私語了一會兒後說：「你們沒有東西給我們吃，這也不能怪你們。不過我們有一點想與大家共同分享的東西。我們有一個訣竅，就是能用石頭做湯。」

這點讓村民們感到非常好奇，他們想，如果能夠學會如何用石頭做湯，那麼再有戰亂和饑荒時他們就不用害怕了，因為可以用石頭做湯啊！不久村民就點起了火，還在火堆中架上了一口全村最大的鍋。

兩個探險家往鍋裡放了三塊光滑的石頭後，說：「這個，一會兒就能煮成美味的湯。」

其中一個年輕的探險家說：「不過，要是放點鹽，再加點芹菜，湯的味道就會更加鮮美了。」

一聽到這番話，其中一位村婦說：「真巧！我正好想起我家還剩下了一點鹽呢。」

此時，村民們一個個都想起了家裡還有什麼東西。沒一會兒，蘿蔔、牛肉、奶酪紛紛添到了大鍋裡。在大家坐下來準備喝湯的時候，甚至還有人推來了一桶酒。村民歡聚在廣場上，他們邊吃邊跳舞、唱歌直到深夜。第二天早晨，當兩個探險家醒來時，發現村民們全都站在他們周圍，還給他們一整個背包的麵包和奶酪。

「你們給了我們最寶貴的禮物：用石頭做湯的訣竅。」村長說：「我們會永遠牢記在心裡的。」

二個探險家對眾人說：「其實也沒有什麼訣竅，不過有一點是肯定的，就是只要人人都拿出一點東西來，就能煮出美味的湯。」

人多力量大，而合作的力量更大。有了合作，即使有再大的困難在你面前阻擋你，但只要與你的合作夥伴稍稍想一想，困難也許就能被你們勇敢的踩在腳下。學會合作，是助你開拓美好明天的一把金鑰匙。

給別人機會也是給自己機會，也許你此刻還意識不到，但命運的天平不會虧待你。

挑著與背著

古時候，有兩個兄弟各自帶著一只竹箱出遠門。一路上，重重的竹箱將兄弟倆都壓得喘不過氣來。

他們只好左手累了換右手，右手累了又換左手。

這時，大哥停了下來在路邊買了一根扁擔，將兩個竹箱一左一右掛在扁擔上。

他挑起兩個箱子上路，反倒覺得輕鬆了很多。

不用再挑箱子的小弟是幸運的，而挑起了兩個箱子的大哥也是幸運的，因為他在幫助別人的同時，也幫助了自己！

在人生的大道上，一定會遇到許許多多的困難。但你是否知道，在前進的道路上，搬開別人腳下的絆腳石，有時也是為自己鋪路？合作的意義也在於此，就是互利互惠、合作共贏。

蛋捲冰淇淋的誕生

有一個製作糕點的小攤販將攤位擺在運動場的門口，當時正在開博覽會，人潮很多、生意也特別好。和他相鄰的一位賣冰淇淋攤販生意也好得不得了，才一會兒工夫就賣出了許多冰淇淋。很快的，他就把帶來要用來裝冰淇淋的小碟子用完了。

心胸寬廣的糕餅商販見狀，就把自己的薄餅捲成錐形，讓他來盛放冰淇淋。賣冰淇淋的商販見這個方法可行，便要了大量的薄餅，大量的錐形冰淇淋便進入客人們的手中。

令他們意想不到的是，這種錐形的冰淇淋被客商們看好，而且還被評為「博覽會的真正明星」。從此，錐形冰淇淋開始大行其道，這就是現在的蛋捲冰淇淋。它的發明被人們稱為「神來之筆」。有人這樣假設，如果兩個攤販沒靠在一起，那麼今天我們能不能吃到蛋捲冰淇淋還很難說。

人與動物相比所具有的全部優勢，幾乎都來自於與同類合作行動的能力，人能透過幾個人的聯合行動，來做到自己單獨努力所做不到的事情。也許現代社會中無處不在的競爭和壓力，以及看似僧多粥少的各種機會，使得人們慢慢淡忘了合作的好處，忽視了合作的價值。

但是好的機會永遠都不是單向的，它會在不同的層面展現出它的作用。所以不要忘記合作，不要忘記給你的朋友、給素不相識陌生人，甚至給你的競爭對手機會。那麼，你收穫的不僅僅是他人的感恩和自己內心的寬慰，更有意想不到的更大的機會。

送出西瓜種子

小鎮每年都會舉辦「西瓜大賽」，有一個老農夫精於種植技術，也經常贏得獎項。但他每次得獎之後，都毫不吝惜的把得獎西瓜的種子分給他的鄰居們。

有一位鄰居詫異的問他：「得獎不容易，你怎麼還慷慨的把種子給我們呢？你不怕我們種的西瓜超越你的嗎？」

老農夫回答說：「你們一定想不到，我把種子分送給大家，其實也是在幫助我自己！」

原來，老農夫所居住的村莊，家家戶戶的田地相連接。如果將得獎西瓜的種子藏起來，只有他自己種好品種，蜜蜂就會在傳遞花粉的過程中，將較差的品種傳染給他的西瓜。他將得獎西瓜的種子分給大家，鄰居們就能改良他們田地裡的西瓜品種，也只有如此，老農夫才能更專心致力於西瓜品種的改良。

為人不能吝嗇，要具有大度的胸懷。斤斤計較的人沒有半點奉獻精神，是不可能創業的。像故事中那位老農夫一樣，如果斤斤計較於自己的勞動成果，不肯分享給別人，最終他的好苗也會被別人的壞花粉給弄壞了。

怎樣吃到橘子

夏天走了，金色的秋天代表豐收的季節到了，每棵樹上都是結果纍纍。小狗出門郊遊，來到一棵橘子樹下想休息一下。

牠猛一抬頭，看見了又紅又大的橘子心想：「我今年都沒吃到橘子了，而且以前吃的都是掉在地上的爛橘子，真想嚐嚐新鮮的橘子是什麼味道。」可是牠自己不會爬樹，只能望著橘子發呆。

小牛去郊遊，也看見了這棵橘子樹。牠看見小狗在樹下發呆就問：「小狗狗，你在樹下發什麼呆啊？」

「我想吃樹上的橘子。你看！樹上的橘子又大又紅，可是我吃不到，所以只好在樹下發呆。」小狗回答。

小牛心想，「我好久沒有吃果子了，我可以用我的角把橘子頂下來，可是如果都掉到了地上摔爛就不好吃了。」想著想著，小牛急得直流口水，圍著橘子樹團團轉。

忽然，小狗靈機一動說：「喂，小牛哥，你如果能把橘子弄下來，我就可以接橘子，何必在此浪費時間呢？」

小牛覺得有理，於是牠們開始分工合作。

小牛用角往樹幹上使勁一頂，樹上的橘子紛紛落了下來，落下的橘子很多都被小狗接住了。最後，小牛和小狗，津津有味的吃著新鮮的橘子。

一個人的力量是有限的，但如果能夠找到合適的幫手，大家優勢互補，就會將不可能變成可能。

一個人辦不到的事，可以透過和其他人精誠合作，就可能取得成功。

爭吵的五根手指

有一天，五根手指在一起閒著沒事，就為了「誰是最優秀的」話題爭吵起來。

大拇指說：「在我們五個當中我是最棒的，因為我是最粗最壯的一個，無論讚美誰、誇獎誰都會把我豎起來，所以我是最棒的！」

這時，中指拍拍胸脯驕傲的說：「看你們一個個矮的矮、小的小，哪有一個像樣的，我才是真正頂天立地的英雄。」

食指也憋不住，站出來說：「我們五個中我是最厲害的，要是誰出現錯誤，有不對的地方，我都會把他指出來！」

雖然小指矮矮矬矬的，可是他最有精神的說：「你們都別說了，你們雖然看我長得小，可是當每個人虔心拜佛、祈禱的時候不都把我放在最前面嗎？」

無名指更是不服氣了：「你們閉嘴啦，人們最信任的就屬我了。你們看，當一對情侶喜結良緣的時候，那顆代表著真愛的鑽戒，不都是戴在我的身上嗎！」

人互有短長，每個人都有自己的長處也都有缺點。但是只要能取人所長、補己所短的相互合作就是完美的！如果一味的只要求比個高下，最後必定引起內訌而一事無成。

五指連心，只有取長補短、相互合作，才能合成有力的手掌去做好更大的事。

兩個人的合作

越國人仲呂和闔微各有所長。仲呂善於計謀，但處事很不果斷；闔微處事果斷，卻缺少心計所以常犯疏忽大意的錯誤。但是因為這兩個人的交情很好，所以他們經常互相取長補短、合謀共事。兩個人是一條心，所以無論一起去做什麼總是能心想事成。後來，他們在一些小事上發生了衝突，吵完架後就分道揚鑣了。在他們各行其是的時候，都在自己的政務中屢獲敗績。

一個叫秦泰的人對此感到十分痛心，他哭著規勸兩人說：「你們聽說過海裡的水母嗎？牠沒有眼睛，靠蝦來帶路，而蝦則分享著水母的食物，這二者互相依存、缺一不可。在小小的螞蟻家族中，有著複雜卻又嚴格的分工。工蟻負責探路和尋找食物，兵蟻肩負蟻巢的安全保障，而蟻后則負責生育及哺養後代。每一個成員既不多做也不少做，但是缺了其中任何一個環節都不行。螞蟻家族正是憑藉著每一個成員的合作精神，才能生存下去。」

「在海中，寄居蟹和海葵是相互共存的一對。當海葵伸出觸手捕捉小動物時，既保護了寄居蟹又把食物供給牠，寄居蟹可以帶著海葵『旅行』海底。就這樣，這兩個『朋友』就不願分離，甚至寄居蟹遷居時也要把牠的『朋友』搬到另一個螺殼上去，這種共生的關係也是一種合作。」

「西域有種二頭鳥。這種鳥有兩個頭共長在一個身子上，但是彼此妒忌、互不相容，兩個鳥頭飢餓時還會互相啄咬，如果其中的一個頭睡著了，另一個就會往牠嘴裡塞毒草。如果睡夢中的鳥頭嚥下了毒草，兩個鳥頭就會一起死去，牠們誰也不能從分裂中得到好處。」

「北方還有一種肩並肩長在一起的『比肩人』。他們輪流著吃喝、交替著看東西，死一個則全死，同樣是二者不可分離。現在你們兩人與這『比肩人』非常相似。你們和『比肩人』的區別僅僅在於，『比肩人』是透過形體，而你們是透過事業聯繫在一起的。既然你們獨自處事時連連失敗，為什麼還不和好呢？」

仲呂和闔微聽了秦泰的勸解，對視著說：「要不是秦泰這番道理，我們依然會繼續單槍匹馬的受到更多挫折！」

於是，兩人言歸於好重新一起合作共事。

生物界中，各種個體的能力是非常有限的，因此合作無處不在。即使是在自然界中，人們也不難發現合作的身影。在爭生存、求發展的鬥爭中，只有團結合作、取長補短，才能贏得一個又一個勝利。

怎樣餵養一群小雞

有一次，別人送給湯姆一隻母雞，但是不久母雞就孵出了一窩小雞。這下子讓湯姆很苦惱，因為他實在是買不起飼料來餵養這窩小雞。於是，他想到了一個方法……

他先邀請左鄰右舍的小孩們來參觀這些活潑可愛的小雞。而小雞可愛的模樣，馬上就得到小朋友的喜愛，所以湯姆趁機宣布，如果誰願意拿飼料餵養一隻小雞，這隻小雞就會用這個小朋友的名字命名。

小朋友齊聲歡呼贊同湯姆的「認養協議」。於是，每隻小雞都有了好聽的名字，而湯姆擔憂的飼料難題也迎刃而解了。

「萬事不求人」是一種錯誤的想法，其結果只能吞下自我封閉的苦果；「精誠合作」才是正確的多贏思維，也才是走向成功的基石。

每個人的能力和時間都是有限的，凡事自己來、完全不靠別人幫助的人是走不了多遠的。一根筷子容易被折斷，一棵獨木也構不成森林。一個人的力量太小，所以一定要先走出自我封閉的小圈子，只有合作才能擁抱成功。

問問有經驗的人

有著博士學位的吉姆被分發到一家研究所工作，也成為那裡學歷最高的一個人。有一天，他到所裡後面的小池塘去釣魚，那時剛好正、副所長也在他的一左一右旁釣魚。見了他們，吉姆只是微微的點了點頭，心裡還想著：「跟這兩個學歷比我差的人有什麼好聊的……。」

沒過多久，只見所長放下釣竿，伸伸懶腰後，就「登、登、登」，從水面上如飛一般的「走」到對岸去上廁所。

所長的舉動讓吉姆的眼珠瞪得快掉下來了，「水上飄！不會吧？這明明是一個池塘啊。」後來所長上完廁所回來的時候，同樣也是「登、登、登」的從水上「走」了回來。

這是怎麼回事！吉姆滿頭霧水，但是又不好意思去問，因為自己可是

「學歷最高」的吉姆啊！

過一陣子，副所長也站起來了，同樣又是「登、登、登」的「走」過水面去上廁所。

這下子吉姆更是差點昏倒：「太誇張了吧！難道這是個江湖高手集聚的地方？」

後來，吉姆也內急了，但是這個池塘兩邊有圍牆，要到對面的廁所非得繞十分鐘的遠路不可，而回部門上廁所又太遠，該怎麼辦？吉姆不願意去問兩位長官，在憋了半天後，他起身往水裡跨，心想：「我就不信他們能過的水面，我吉姆不能過。」

結果，只聽「噗通」的一聲，吉姆整個人就栽進水裡去了。

兩位長官趕緊過來將他拉出水裡，問他為什麼要下水？吉姆問：「為什麼你們可以從水面上走過去，我卻不行呢？」

此時兩位相視一笑的說：「這池塘裡原有兩排木樁，只是這兩天一直下大雨，水正好淹過了木樁。因為我們都知道木樁的位置，所以可以踩著木樁過去。你怎麼不事先問我們一聲呢？」

現代的社會裡，一個人做事情能影響的範圍十分有限，一個人能調動的資源也屈指可數，想要做出一番大事，必須學會與別人合作。

你可能擁有很高的學歷，但是你未必擁有豐富的經驗。但是，如果遇到事情能多向別人請教的話，就能讓自己少走許多冤枉路。請記住，合作的基礎也正是積極的求教。

釣竿與魚

從前，安德和費特這兩個飢餓的人得到了一位長者的恩賜「一根釣竿和一簍鮮活碩大的魚。」其中，安德要了一簍魚，而費特要了一根釣竿，後來他們就分道揚鑣了。

安德拿到魚之後，在原地就用乾柴搭火煮起了魚。他狼吞虎嚥的都還沒能嚐出鮮魚的肉香，轉眼間就連魚帶湯的吃個精光……不久安德便餓死在空空的魚簍旁。

費特則拿著釣竿繼續忍饑挨餓，一步步艱難的向海邊走去。當費特已經看到不遠處那片蔚藍色的海洋時，他最後一點力氣也用完了，只能眼巴巴地帶著無限的遺憾撒手人間。

後來，又有文森與傑瑞兩個飢餓的人同樣得到了長者的恩賜。「一根釣竿和一簍鮮活碩大的魚。」不過他們並沒有各奔東西，而是商定共同去尋找大海。兩人每次只煮一條魚，經過遙遠的跋涉後終於來到海邊。從此，兩人開始了捕魚為生的日子。

幾年後他們蓋起了房子，有了各自的家庭、子女，有了自己建造的漁船，一直過著幸福、安康的生活。

學會把機會與他人共享，這絕不僅僅是一個心地善良、好人有好報的問題。因為身處現代社會，我們與周圍與他人，不可避免的在一個大的團體中發生著各式各樣的聯繫。

與人方便，自己方便。機會在這種和諧共生的融融之樂中，才能更有生命力。

庵堂為什麼荒蕪

三個尼姑在一所破庵堂裡相遇。

有人問：「這所庵堂為什麼荒廢了？」

「必是尼姑不虔，所以菩薩不靈。」甲尼姑說。

「必是尼姑不勤，所以廟產不修。」乙尼姑說。

「必是尼姑不敬，所以香客不多。」丙尼姑說。

三人爭執不休，最後決定留下來各盡其能，看看誰能最後獲得成功。於是，甲尼姑禮佛唸經，乙尼姑整理廟務，丙尼姑化緣講經。果然香火漸盛，原來的庵堂恢復了往日的榮景。

「都因為我禮佛唸經，所以菩薩顯靈。」甲尼姑說。

「都因為我勤加管理，所以庵務周全。」乙尼姑說。

「都因為我勸世奔走，所以香客眾多。」丙尼姑說。

三人爭執不休，也開始不事正務。漸漸的，庵堂裡的盛況又逐漸消失了。就在各奔東西的那一天，她們總算得出一致的結論：庵堂的荒廢，既非尼姑不虔，也不是尼姑不勤，更非尼姑不敬，而是尼姑不睦。

佛教創始人釋迦牟尼曾問他的弟子：「一滴水怎樣才能不乾涸？」弟子們面面相覷無法回答，釋迦牟尼說：「把它放到大海裡去。」一個人再完美，也只是一滴水；一個優秀的團隊就是大海，只有大家齊心，才能夠創造奇蹟。大海懂得在退潮時把貝殼留給沙灘，太陽懂得在謝幕後把星星留給蒼穹。任何事情都需要合作、協力與齊頭並進。合作要靠大家都盡一份力，如果太過自私、不肯出力，或者小肚雞腸的計較誰做得多誰做得少，必將破壞誠意，導致合作最終失敗，那麼勢必一事無成了！

合作的雙方也要相互激勵

鋼鐵大王卡尼基手下有一位廠長，這位廠長也很能幹。但是奇怪的是，廠長手下領導的工人，總是無法達到既定的生產標準。

卡尼基專程去找這位廠長，共同研究問題出在哪裡，可是廠長也不知道問題癥結所在的回答說：「工人們就是不願意努力幹活！不管我怎麼好言好語的勸或者是制定規則強迫都不管用，他們就是無法振作。」

在二人談話的時候，剛好工廠裡換班的時刻到了，而晚班工人已經來到廠裡。

卡尼基忽然對廠長說：「給我一支粉筆」，然後轉向離自己最近的一個日班工人問道：「你們今天生產了幾噸？」

工人回答：「六噸。」

於是，卡尼基在牆上寫了一個大大的「六」以後就一言不發的離開了。

當夜班工人進來時，他們看見牆上這個「六」字，便問日班工人這是什麼意思。

日班工人解釋說：「董事長今天來過了，聽早班說生產了六噸，他就在牆上寫上了這個『六』字。」

早晨，卡尼基從這廠中走過，看到夜班工人已將「六」字擦去，換上了一個大大的「七」字。

當日班的工人來上工時，他們看見一個大大的「七」字寫在牆上時每個人都不服氣的想著：「別以為夜班的工人比日班的好！我們一定要給夜班工人一點顏色瞧瞧。」於是他們更拚命的加緊工作。

在下班前，他們把一個大大的「八」字神氣的寫在了牆上。

這樣一直競爭下來，不久後這個工廠的產量，竟然開始遠遠超過公司其他的工廠。這其中的道理是什麼呢？卡尼基解釋，要做成事情的辦法就是激起競爭，這不是勾心鬥角的競爭，而是勝過對方的慾望。

合作的雙方也需要相互鼓勵、相互激勵，在合作的基礎上展開競爭、比賽，可以讓大家的興致都更高昂，鬥志也更能被激發出來，這樣的話，效率將提高，成果也將豐碩。給對方激勵而在合作的基礎上競爭，是一個很不錯的選擇。

螞蟻人生

布奇今年九十歲了，而且看樣子，他至少還可以活上二十年。

布奇從來不談論自己的長壽之道。這也難怪，他平時就是個寡言少語的人！

布奇雖然不愛說話，但卻很樂於幫助別人。這一點，使他贏得了不少莫逆之交。

據他的朋友說，布奇的母親在生他時難產死了。

五歲那年，他家鄉鬧水災，大水淹沒了他的家鄉。

他坐在一塊木板上，父親和幾個哥哥則扶著木板在水裏游著。

他眼看著一個個浪頭捲走他生命之舟旁的幾個哥哥。

當快到陸地的時候，父親的力氣也用完了……最後，他是全家惟一的倖存者。

他活潑的眼神從此變得呆滯了，他的眼前似乎總是彌漫著一片茫茫大水。

布奇結了婚，美麗的妻子為他生了五個可愛的孩子。三個男孩，兩個女孩。

布奇的眼睛才又煥發出生命的光彩。

他漸漸忘記了過去的痛苦，成了世界上最幸福的人。

一天，他們全家要出去郊遊。布奇雇了一輛汽車，因為汽車不夠寬敞，他只好騎著自行車興致勃勃地跟在汽車後面。

這時車禍發生了……

那一瞬間，他的眼神變得像木頭一樣呆滯。布奇又成了孤身一人。

此後，布奇再也沒結過婚。

他當過兵，出過海。他沒日沒夜地跟苦難的朋友們待在一起，傾盡全力幫別人的忙，也經歷了數不清的大風大浪。然而死神逼近的時候，卻老是像沒看見他似的，總是擁抱了其他的靈魂。

九十歲的布奇不知什麼時候站在我們身後。

他蒼涼的聲音像遠古時期的洪荒衝擊著每一個人：「一窩螞蟻抱成足球那麼大的一團，漂浮在離我十米遠的水面上。每一秒鐘都有螞蟻被洪水衝出這個球。當這窩螞蟻跟五歲的我一起登上陸地時，牠們竟還有網球那般大小。」

小小的螞蟻竟然能給人以如此力量，人缺少的正是這種精神。抱成團的螞蟻，似乎警示人們，只有在相互幫助，合作的過程中，同舟共濟，患難與共，才能生存下去。

單槍匹馬，勢單力薄，難成大事。這對於今天日新月異的社會來說，更加值得借鑑。

Chapter 03

別讓壞習慣
扼殺了成功的希望

多一個好習慣，心中就能多一份自信，
人生中就多一份成功的機會和機遇；
多一個好習慣，我們生命裡就多了一份享受美好生活的能力。
可是習慣是悄悄形成的，只有積極主動的人，
才能把握住並促成好習慣的誕生。
很多人都有過夢想，甚至有過機遇、也有過行動，
只是要能堅持到最後卻很難。性格能形成習慣，
而習慣卻決定你能否把握機會，取得成功。
為了一生的好運，養成好習慣吧！

不專心的人學不好棋

弈秋是古代有名的棋手，有兩個人慕名而來同時拜他為師。弈秋一心想把自己的棋藝傳授給他們，所以講課時特別認真。一個學生專心致志的聽他講課，另一個學生表面上也認真的聽課，而實際上注意力很不集中。

他看到大雁從窗外飛過，聯想到要吃天鵝肉……

弈秋講完課，就叫兩人對弈，學生根據老師的要求對弈起來。開局不久，就見分曉：一個從容不迫的能攻能守，一個手忙腳亂的應付。

弈秋一看，兩人的棋藝相差懸殊。

他對棋藝差的學生說：「你們兩個人一起聽我講課，他能專心致志，而你心不在焉。所以勝負自然分明。」

這就是很多人無法成功的原因，因為他們不夠專注、不夠專心。世上無難事，只要專心去學、去做，沒有克服不了的難關。相反的，如果不肯用心、三心二意，那麼即便是花再多的時間也不會有什麼成就。

專心致志是一個人能否有所成就的一個必要條件，因為人的精力是有限的，如果在做一件事的時候，被其他的事情干擾，不能集中精力，那麼可能會出現很多意想不到的錯誤，久而久之就會離自己的目標越來越遠。

摘下一顆梨

有一位德高望眾的老和尚，他身邊跟著一幫虔誠的弟子。

有一天，他囑咐弟子們每人去山上挑一擔柴回來。弟子們匆匆行至離山不遠的河邊時，人人都目瞪口呆了。因為只見洪水從山上奔騰而下，這種情形下無論如何也不可能渡河去砍柴。

無功而返的弟子們垂頭喪氣的，唯獨一個小和尚與師父坦然相對。師父問其故，小和尚從懷中掏出一顆梨遞給師父說：「過不了河，砍不了柴，見河邊有棵梨樹，我就順手把樹上唯一的一顆梨摘來了。」

後來，這位小和尚成了師父的衣缽傳人。

做事情都要有結果，即便不是自己當初想要的那樣，也要有一定的成果來說明自己所付出的努力。不管怎樣努力，最終目標都是要得到結果，而不是讓自己白白耗費心血，浪費了整個過程。

做事情要有結果，是成功者必須培養的好習慣之一。

一張廢紙的機緣

美國卡特公司名揚天下，不僅使美國鋼鐵產業在世界獨占鰲頭，而且改變了整個美國國民經濟狀況，誰又能想到這個奇蹟的創造者卡特，當初進入公司的「機緣」竟是「撿廢紙」這個簡單的動作呢？

那時卡特剛從大學畢業，他到一家汽車公司應徵，一同應徵的幾個人學歷都比他高，卡特感到沒有希望了。當他敲門走進董事長辦公室時，發現門口地上有一張紙，他很自然的彎腰把它撿了起來。看了看，原來是一張廢紙，就順手把它扔進了垃圾桶，而此時董事長將這一切都看在眼裡。

卡特才說了一句話：「我是來應徵的卡特。」董事長就發出了邀請：「很好，很好，卡特先生，你已經被我們錄用了。」

這個讓卡特感到驚異的決定，實際上源於他那個不經意的動作。從此以後，卡特開始了他的輝煌之路，直到將公司改名，讓卡特汽車聞名全世界。

用心、細心，正是這些習慣讓卡特注意到了別人所忽略的事情，而為自己打開了一扇窗。

人生路上，誰更細心、更認真、更注意細節，上天就讓他們得到更多的機會。誰忽視細節，誰就容易受到懲罰，就容易錯過成功的機遇。養成注意細微之處的好習慣吧，會讓你受益終生的。

為什麼不穿鞋

很久以前，有一位國王，他統治著一個富饒的國家。

有一次，他去了離王宮很遠的地方旅行。回到王宮後，他不停的抱怨著腳非常疼痛，他以前從未走過那麼長的路，更何況他所走的路還異常粗糙多石。於是，憤怒的國王向天下發布詔令，要叫百姓用皮革鋪好每一條道路。

然而，這將會用掉無數張牛皮，還必須花費巨額的金錢。這時，一位謀士冒著觸怒國王的危險，進言道：「陛下，為什麼您要花那麼多不必要的金錢呢？何不剪一小塊牛皮包在自己的腳上就可以了？」

起初聽到謀士的進言時，國王很生氣，但略加思考後，他接受了謀士的建議——為自己做了一雙厚底牛皮鞋。

路上的石子弄疼了你的腳，在你一味埋怨路的時候，為什麼不想一想，自己穿的鞋子是否合適呢？

反省自己，才是解決問題的真正出路。而反省的習慣，有助於保護你，在人生之路上走得更遠、走得更好。

我想再練習

在全國女子網球單打比賽中，十六歲的瑪利亞剛剛打敗了蘇珊，她以直落二輕鬆取勝。蘇珊可是溫布敦網球公開賽的冠軍，專家們評論她在和瑪利亞的比賽中已經發揮出了最高的水準，但仍不是這個澳洲十幾歲少女的對手。

前溫網冠軍勒奈特走進餐廳，向瑪利亞表示祝賀，而瑪利亞說：「要是你三十分鐘內能準備好的話，我想和你再練習一下，因為我的反手拍有點弱！」

結果，他們打了快一個小時。

第二天，瑪利亞再次贏得了全國冠軍。沃特評論說：「這個女孩的故事令人回味無窮。在勝利的輝煌時刻她卻說：『我想再練習一下』。」

在以後的日子裡，瑪利亞還是一如既往的訓練自己，這使得她能夠在後來的網球比賽中一直保持很好的成績。

人生沒有終點，終點又是新起點。站在領獎台上的那一刻，也是下一輪競爭的開始。

關注自己的薄弱環節，補強自己的缺點，保持「我想再練習」這樣堅持不懈的好習慣，才可以最終勝出。

好學不倦

在一個漆黑的晚上，老鼠首領帶領著小老鼠們出外覓食。牠們在廚房內的垃圾桶中發現了很多剩餘的飯菜，這對老鼠們來說，就好比人類發現了寶藏似的。正當一大群老鼠在垃圾桶附近大快朵頤之際，突然傳來了一陣令牠們肝膽俱裂的聲音，那是一隻大花貓的叫聲。

老鼠震驚之餘便各自四處逃命，但是大花貓毫不留情的窮追不捨。有兩隻小老鼠走避不及被大花貓捉住了，當牠們正要被吃掉之際，大花貓身後突然傳來一連串兇惡的狗吠聲，嚇的大花貓丟下老鼠，手足無措的狼狽逃命。

大花貓走後，老鼠首領慢慢的從垃圾桶後面走出來說：「我早就跟你們說過，多學會一種語言有利無害，這次我就是這樣救了你們一命。」

多懂得一門技藝，就能讓自己比別人多一條路。

學習，是你這一生都應保持的習慣。如果你每天花一個小時的時間用來學習你不知道的知識，那麼在五年之後，你就會驚訝於它為你的生活所帶來的影響。

如果你想在人生路上不斷獲得精彩，就必須不停的學習，學習新的知識、學習新的賺錢方式。讓學習成為你的習慣、你身體的一部分，你就贏了。

絕不可優柔寡斷

有一個七歲的男孩發現一個鳥巢被風從樹上吹掉在地了，裡邊滾出了一隻嗷嗷待哺的小麻雀，男孩決定把牠帶回家餵養。

當他托著鳥巢走到家門口時，忽然想起媽媽不讓他在家裡養小動物的規定。

於是，他輕輕的把小麻雀放在門口，急忙進門去請求媽媽。在他的苦苦哀求下，媽媽終於破例答應了。

男孩興奮的跑到門口，不料小麻雀卻不見了。而不遠處，一隻黑貓正在意猶未盡的舔著嘴巴。

做事情要當機立斷，不然的話，就會錯過最好的時機。如果猶豫不決，可能會因自己的遲疑，而帶來無法挽回的遺憾。只要是自己認定的事情，絕不可以優柔寡斷。

不修邊幅要不得

有一次，一位朋友向里根推薦了一位才識過人的閣員，但是總統在約見他之後，卻不想起用這位人才。

他告訴朋友說，這個人不修邊幅、邋邋遢遢，他本人很不喜歡這樣的人，因此不會用他。這樣一位偉大、英明的總統，怎麼也會犯以貌取人的錯誤呢？這也許讓人感到奇怪。朋友很氣憤里根對於面貌的偏見，於是憤怒的責怪里根以貌取人，說任何人都無法為自己的天生臉孔負責。

這時里根說：「一個人過了四十歲，就應該為自己的面孔負責。」

那位閣員，固然可能在某一領域做過大量深入的研究、對某些問題有著精闢過人的見解，但是如果他連約見總統的事都不放在心上，不能做到以自己最好的一面展現給總統看，那麼總統又怎麼能夠在最短的時間內判斷出這個人是可用、是值得信任的呢？

雖然里根以貌取人也有其受批評之處，但我們卻不能忽視「第一印象」的巨大影響作用。所以，必須透過提高本身修養來提升自己的形象，為將來的成功奠定基礎，搭好台階。

保持形象的乾淨、整齊，是人際交往的第一要素。如果不修邊幅、不注意自己的儀態言行的話，很容易因不好的「第一印象」而為自己帶來損失。

女王敲不開的門

阿里和維多利亞女王這對夫妻平時相處和睦，但是也有不愉快的時候，原因就在於妻子是女王的緣故。

有一天晚上，皇宮舉行盛大宴會，女王忙於接見王公貴族們，而把她的丈夫冷落了。阿里很生氣，就悄悄回到臥室。

不久有人敲門，房間裡的人很冷靜的問：「誰？」

敲門的人昂然答道：「我是女王。」

門沒有開，而且房間裡沒有一點動靜，女王只得再敲門。房裡的人又問：「誰？」

女王和氣的說：「維多利亞。」

可是，門依然緊閉。女王氣極了，想不到以一國女王之尊，竟然還敲不開一扇房門。她帶著憤憤的心情走開了。

可是走了一半，想了想還是折回去重新敲門。裡面仍然冷靜的問：

「誰？」

敲門人輕聲的說：「你的妻子」

這一次房門打開了。

保持禮貌，是人際交往的重要要求。不管你是平民、貴族，都要對人給予最起碼的尊重和禮貌。

如果能夠養成這樣彬彬有禮的好習慣，你會在一生中受益無窮。

不僅僅是送郵件

法國郵政特快遞公司有個小伙子叫萊弗勒，他的工作很簡單，和全世界幾十萬名快遞員一樣，去客戶那裡接收文件或包裹並把它們送到目的地。

很多人對這樣的工作不屑一顧的說：「這有什麼了不起？不就是只靠體力就能做的事，這能創造什麼價值？」然而萊弗勒的經歷，卻給持有這種想法的人一個回擊。

無論颳風下雨，萊弗勒每天都會騎著他的摩托車穿梭於馬賽的街頭，當他接到客戶電話說需要接收快遞的時候，他會用最快的速度到達客戶那裡。敲門、問好、得到對方的容許、簽好單據、取上包裹和客戶熱情的揮手道別，再騎上自己的摩托車，馬不停蹄的又到另一家客戶那裡。

時間久了，萊弗勒所負責的地區客戶們，送給他「摩托車上的信使」的稱號。

萊弗勒不光是能有效率、有品質的完成客戶給予的遞送任務，更令人稱奇的是，他幾乎成為了所有客戶的「貼心人」。

一次，萊弗勒去一個服裝製作公司的老闆——亨利先生那裡取快遞，亨利先生簽完單據便和他閒聊了兩句。

萊弗勒突然想起了熱莫諾斯(馬賽的一個地區名字)有一家新開的服裝市場，於是便和這位老闆說：「亨利先生，我在熱莫諾斯看到了一家新開的服裝市場，不知道您有沒有在那裡拓展業務？」

亨利先生顯然還不知道這個訊息，於是他很驚喜的問了萊弗勒關於新開張服裝市場的具體細節，萊弗勒也耐心的回答他。

萊弗勒離開前，這位老闆一再向他表示感謝，因為萊弗勒提供的訊息對他拓展業務太有幫助了。從此，萊弗勒成為了這家公司的指定快遞員，公司上上下下都對他非常尊重和喜歡。

幾年裡，這樣的經歷在萊弗勒身上屢見不鮮。他經常在接送客戶包裹的時候，把自己所知道的一些訊息和客戶分享。

當萊弗勒看到新的商鋪在招租，就會把這樣的訊息轉告給相應的客戶；萊弗勒發現政府對某一條大街進行改造，也會告訴經常要走這條大街的客戶，提醒他們送貨時選擇走別的路線；他還跟客戶們分享他路上見到的一些小趣聞，讓客戶在繁忙之餘開懷一笑。

總之，萊弗勒走到哪裡，都受到客戶熱烈的歡迎，客戶們寫信或打電話給法國郵政特快遞公司表揚他。萊弗勒休息不上班的時候，客戶們甚至會因為別的快遞員來服務而感到不快。

在萊弗勒從事快遞工作的第三個年頭，他被選為馬賽市最受歡迎的榮譽市民，並得到了市長的接見。這不僅對他是莫大的殊榮，對於所任職的快遞公司更是一種榮譽。

無論將來做什麼工作都要記得，你做的不僅僅是工作而已。你還需要為你的客戶、你的同事、你的上司多考慮一些事情，為他們帶來方便、帶來溫暖。這是一種為他人著想的好習慣，也是會讓你受益一生的好習慣。

做一只「空杯子」

有一位對佛學造詣很深的人名叫做恆止。

有天，他聽說某個寺廟裡有位德高望重的老禪師，於是便去拜訪他。但是老禪師的徒弟接待他時，恆止卻態度傲慢的心想：「我的佛學造詣這麼深，怎麼只找個小徒弟來接待我，真是太失禮了。」於是他叫小徒弟去請禪師出來。

後來，老禪師十分恭敬的接待了他並為他沏茶。可是在倒水時，明明杯子已經倒滿水了，老禪師還不停的倒著。

恆止不解的問：「大師，為什麼杯子水已經滿了，你還繼續往裡倒？」

大師說：「是啊，既然已滿了怎麼還能倒得進去呢？」原來禪師是在暗示他「既然你認為自己很有學問了，何必還要到我這裡求教？」

恆止頓時恍然大悟，急忙叩謝禪師悔過。

其實，我們的心都是杯子，如果我們自視甚高、不肯反思，就會像杯子裡已經裝滿了水一樣，再也放不進去新的東西了。

真正懂得反思的人，隨時準備接受新的知識、新的教訓，也就是處於一種虛心的狀態，不管時代如何變化，不管反省的內容如何變化，真正誠心誠意反思自身的人，他們的心都是一樣的，因為他們的心都是「空」的。

保有做個「空杯」的好心態，你才會進步。

愛舉手的小男孩

有位教育學家在他的小兒子第一天上學之前教他一個訣竅，好讓他在學習生活中無往不利。

他把兒子送到學校門口，並在兒子進校之前告訴他：「在學校要多舉手，尤其是想上廁所的時候，更是十分重要。」

小男孩按照父親的叮嚀，不只在上廁所時記得舉手。老師發問時，他也總是第一位舉手的學生。日子一天天過去，老師對這個不斷舉手的小男孩，自然而然印象極為深刻。不論他舉手發問或是回答問題，總是讓他優先發言。而因為積累了許多這種不為人所注意的舉手發言權，竟然讓小男孩在學習的進度以及自我肯定的表現上，都大大超過了其他的同學。

多舉手，是教育學家教給兒子在生活中最有利的武器，這就是習慣的力量。任何硬幣都有兩面，習慣能夠毀掉人，也能夠讓人獲得轉機。

有時，一個小小習慣中，就含著一生的大機遇。習慣可以改變你的人生，但是不要把習慣局限於有形的動作、做法，那樣是沒有效果的。

真正的習慣是一種源於內心的精神，如果你能養成奮鬥、努力、進取的精神，那麼你的成功就指日可待。就像那個習慣了舉手的小男孩一樣，因為舉了手所以為自己創造了更多的機會。

浪費那麼多時間

有一次，愛因斯坦在實驗室裡工作，他需要測量一個空玻璃燈泡的容積，所以叫助手來完成這件事情。可是過了老半天，助手都沒能說出個結果來。愛因斯坦奇怪著為什麼還沒答案。他轉身看到助手拿著軟尺在測量燈泡的周長、斜度，並拿了測得的數字趴在桌上計算，忙得不可開交。

愛因斯坦對助手說：「你怎麼花了那麼多的時間？」

他走過去拿起那個空燈泡，往裡面斟滿了水後交給助手說：「把裡面的水倒在量杯裡，馬上告訴我它的容量。」助手立刻就讀出了數字。

愛因斯坦說：「這是多麼容易的測量方法，又準確、又節省時間，你做了這麼久的工作，怎麼都沒想到呢？又量、又算豈不是白白浪費時間！」。

就像愛因斯坦說的那樣「人生太短暫了，要節省時間多做事情啊！」正是這種靈活思考、節省時間的絕竅，使他的發明事業蒸蒸日上。

珍惜時間、善於利用時間，是人和人都應該養成的好習慣。人生最大的浪費莫過於浪費時間，人生太短暫，要多想辦法，用極少的時間辦更多的事情。合理安排時間，你將發現人生也同樣會多出很多時間，讓你做更多的事情！

不要被習慣驅使

有兩個兄弟一起住在山上，他們每天都要趕牛車下山賣柴。因為哥哥比較有經驗，所以坐鎮駕車。山路崎嶇、彎道特別多，而弟弟的眼力較好，總是在要轉彎時提醒道：「哥，轉彎啦！」

有一次哥哥因病無法下山，只能弟弟一人駕車下山賣柴。到了彎道，牛卻怎麼也不肯轉彎。弟弟用盡各種方法，下車又推又拉還用青草誘之，牛依然動也不動。

到底是怎麼回事？弟弟百思不得其解。最後只剩下一個辦法了，他左右看看無人，於是貼近牛的耳朵大聲叫道：「哥，轉彎啦！」

此時，牛應聲而動了。

牛用條件反射的方式活著，而人則以習慣生活。人應該學會把握自己的習慣，而不能被習慣驅使。

一個成功的人知道如何培養好的習慣來代替壞的習慣，當好的習慣累積多了，自然會有一個好的人生。

被鏈子拴住的小象

一根矮矮的柱子，一條細細的鏈子，竟能拴住一頭重達千斤的大象，這令人難以置信的景像，在印度和泰國卻隨處可見。原來，那些馴象人在大象還是小象的時候，就用一條鐵鏈把牠綁在柱子上。

因為小象的力量尚未長成，所以無論牠怎樣掙扎都無法擺脫鎖鏈的束縛。

於是小象漸漸的習慣所以不再掙扎，直到長成了龐然大物，就算此時牠已經可以輕而易舉的掙脫鏈子，但是牠依然選擇了放棄掙扎。

因為，在牠的慣性思維裡，仍然認為擺脫鏈子是永遠不可能的事。小象是被實實在在的鏈子綁住，而大象則是被看不見的習慣綁住。

習慣，就這樣扼殺了一頭小象求生的本能，扼殺了牠獲得自由的希望。

那麼我們的習慣是好還是壞呢？一個好的習慣，可以幫助你進步；一個壞的習慣，可能讓你從此毀滅，讓自己的習慣更好一點而不斷努力吧！

絕不拖延

路亞是某私人企業經理的助理，他雖然勤奮努力、事必躬親，卻發現自己總被一些瑣事包圍著。肇因是因為他生性優柔寡斷，缺乏自我管理能力，做事情分不清輕重緩急。對一些重要但自己又不太懂的事，他總是採取逃避的態度，非拖到不能再拖的時候才動手去處理，結果常因時間倉促而草草了事。

有一次老闆出差，要他擬一份在董事會上的發言報告。他想，時間還有一星期不必著急。於是摩拳擦掌的決定要好好露一手給老闆看。

往後的幾天，他忙於完成另外的幾件事，寄了幾封信、發了幾份傳真、打了幾通無關緊要的電話，幫老闆送一束鮮花祝賀他朋友開業之喜，又和自己的幾個朋友小聚了一、兩次。

這天，路亞在上班之時想到老闆明天就要回來了，可是老闆要的報告還未見一字。本打算全力以赴完成報告，可是已經安排了一個預約接待。這一談就是半天，下午又被別的部門叫去協商安排明天的會議……當他終於把一切事情安排妥當，卻也到了下班時間了，他決定回家加班。吃過飯，電視裡正轉播著一場精彩的足球賽，他還是忍不住先把球賽看完。

此時已是晚上十一點了，報告才剛寫了開頭，又發現一些文件忘了拿回來，只好第二天一早到辦公室寫出報告的後半部。結果，原本打算轟轟烈烈、一鳴驚人的報告，最後變成一份毫無特色、草草了事的文件。

就是拖延的壞習慣讓路亞每次都做不好工作。壞習慣看似給別人帶來了麻煩，但實際上是葬送了自己的前途。那些你不在乎的小習慣，有時就會讓別人對你產生壞印象，進而全盤否定你。

有的人在生活中總是拖拖拉拉、漫無目的。這種人的人生是迷惘的，他們連自己的人生目標都不清楚；這種缺乏自我管理觀念，沒有養成高效率、良好工作習慣的人，在他的頭腦中，自由與制度沒有明確的分界線；做任何事情都是三分鐘熱度，缺乏堅強的意志力作為支撐，與其說是能力扼殺了他們的前途，不如說是壞習慣扼殺了他們成功的希望。

空酒桶最吵

在鄉村的小路上，農夫駕著車匆匆趕路要到市集上去賣酒。車上整齊的排放著幾只酒桶，裡面裝著農夫辛苦釀製的好酒。馬兒愉快的跑著，路上的石子不斷的磕碰著車輪，讓車子一陣陣顛簸。

酒桶們在車上安安穩穩的待著，可是卻有一只酒桶愉快到不行，它左搖右晃、叮叮噹噹的唱著歌，似乎覺得能讓車子安穩前進，它才是最大的功臣。

其它的酒桶們被它吵到受不了，於是其中一只桶對它說：「親愛的孩子，你為什麼這麼驕傲呢？大家同樣承受著路上的顛簸，可是我們什麼都沒有說。運酒去城裡的是我們這些裝滿了酒的桶啊！你什麼都沒裝。你之所以能吵鬧不停，是因為你肚子裡什麼都沒有！」

看看生活中，像那只空酒桶一樣愛誇誇其談，愛說些不切實際的話的絕對不乏其人。很多人要做一件事之前，總愛誇大其詞、誇下口海，先把「廣告」做得要天下無人不知、無人不曉似的，可是一旦做起來卻心不在焉、半途而廢。有的人甚至連準備工作都沒有做，就盲目的開始了，自以為是的說著自己的想法，空有一番空想卻無法切實去做，做人千萬不能沾上這種壞習慣。

把斧頭賣給總統

布魯金斯學會創建於一九二七年，是世界上最權威、最有影響力的推銷員組織。它有一個傳統，在每期學員畢業時，會設計一道最能表現推銷員能力的實習題讓學員去完成。完成任務的學員將獲得一隻刻有「最偉大的推銷員」的金靴子。在老布希當政期間，布魯金斯學會出了這麼一道實習題目：「請把一條三角褲推銷給總統。」八年間，無數學員為此絞盡腦汁都沒有結果。

面對八年的失敗與教訓，那些老學員垂頭喪氣，他們的失敗大多數在於並沒有將全部的精力放在推銷結果上，相反的想到的是自己，「要是有人將一條內褲推銷給自己，那是多麼尷尬的事情！」，「要自己把一條內褲推銷給總統，是一件多麼難為情和困難的事！」，「如果總統將這件事情視為搗亂，那麼我豈不是要遭受懲罰？」諸如此類的擔憂。

其實這些學員們總是習慣性的將「自己」以及「自己的得失」放在事情之前，也放在實現結果之前。結果精力分散了，哪裡還能想得出好辦法？瞻前顧後，哪裡會有勇氣去解決問題？後來，小布希上台。學會又把題目改成：「請將一把斧頭推銷給小布希總統。」新的題目公布下來以後，學員們依然認為，這道畢業實習題會和老布希當政期間一樣徒勞無功。因為總統不需要斧頭，即使需要，也用不著他親自購買。出人意料的，湯姆森成功的讓總統買下了一把斧頭。

接受記者採訪時，他說：「我一直認為，要將一把斧頭推銷給總統是完全可能的，也不會有損總統或者我個人形象的問題。因為小布希總統在德克薩斯州有一個很大的農場，裡面綠樹成蔭。於是我胸有成竹的寫了一封信跟他說：『總統閣下，有一次我有幸參觀您的農場，發現裡面長著許多矢菊樹，有些樹木已經枯死，木質也已變得鬆軟。我想，您一定需要一把小斧頭。但是以您現在的身體狀況來看，小斧頭對你來說顯然太輕，因此您需要的是一把不甚鋒利的老斧頭。我這兒正好有這樣的一把斧頭，它是我祖父留給我的，很適合砍伐枯樹。如果您有興趣的話，請按這封信所留的信箱給予回覆……』然後小布希總統真的匯給了我十五美元。」

湯姆森得到了金靴子獎。對於一個推銷員來說，這是一個無比光榮的榮耀。為了慶祝此次突破，布魯金斯學會舉辦了一個表揚大會。

會中，主持人意味深長的看著參加會議的所有來賓，然後指了指身邊的湯姆森說：「你們發現湯姆森有什麼特別之處，難道他比你們聰明一百倍？不是。還是湯姆森工作努力的程度比你們多一百倍？也不是。」全場鴉雀無聲，等待主持人說出原因。

「其實他與你們一樣平凡。那麼，湯姆森的銷售魔力是什麼呢？我的結論是，湯姆森與你們的不同之處，在於他的思想比你們的思想大一百倍。」

任何時候都要打開頭腦、打開思維，讓自己想得更多、更遠、更深入，這樣你才能勝出別人一籌。打開腦筋、別出心裁，這種勤於思考的習慣將讓你的人生更精彩。

大亨戒菸記

美國德克薩斯州的石油大亨史蒂芬曾經是個老菸槍，菸抽得非常非常凶。有一次，他度假開車經過法國，天空突然降下了滂沱大雨，開了幾小時車後，他在一個小城的旅館過夜。吃過晚飯，疲憊的他很快就進入了夢鄉。

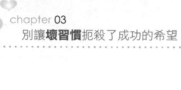

凌晨兩點鐘史蒂芬醒來，因為他的菸癮犯了，很想抽根菸。打開燈，他自然的伸手去拿睡前放在桌上的菸盒，不料裡頭是空的。他下了床，搜尋衣服口袋毫無所獲，又搜尋了行李，希望能發現他是否曾在無意中留下了一包菸，結果是失望了。這時候，旅館的餐廳、酒吧早關門，他唯一能得到香菸的辦法是穿上衣服出去，走到幾條街外的火車站買。

越是沒菸，想抽的慾望就越大，有菸癮的人大概都有這種體驗。史蒂芬脫下睡衣，穿好了出門的衣服，在伸手去拿雨衣的時候他突然停住了。他問自己：我這是在幹什麼？史蒂芬站在那兒想著：「一個所謂的知識分子，而且是相當成功的商人，一個自以為有足夠理智對別人下命令的人，竟會在三更半夜離開旅館，冒著大雨走過幾條街，僅僅是為了得到一支菸。這是一個什麼樣的習慣？這個習慣的力量有多麼可怕啊？」

史蒂芬下定了決心，把那個空菸盒揉成一團扔進了紙簍，脫下衣服換上睡衣回到了床上，帶著一種解脫甚至是勝利的感覺，沒幾分鐘就進入了夢鄉。從此以後，史蒂芬再也沒有抽過菸。後來，他的事業還越做越大，成為世界頂尖的富豪之一。

習慣有好有壞，全看你怎樣選擇。只有養成好習慣，才能讓自己不斷受益。而壞的習慣則會在不知不覺中毀掉你。時刻反省自己的習慣，時刻警惕那些正在侵蝕自己的因素，你才能將人生過得更精彩。

反正大家都認識我

愛迪生在出名之前，默默無聞的在小鎮上生活著，過著深居簡出的日子。他一心投入發明和研究中，從不會為了自己的頭髮長短，或者衣服的搭配合適與否而浪費時間。

有一天，他在街上遇到了一位久違的朋友，朋友見他不修邊幅的樣子十分吃驚，勸他注意一下形象，不要再穿得隨隨便便就出門。誰知愛迪生卻回答道：「這有什麼關係？反正這裡的人都不認識我。」

後來，他在發明上取得重大突破之後一夕成名，可是他還是跟從前一樣，寧可把時間花在讀書、拉小提琴上，也不願意修飾一下自己的穿著，仍和從前一樣隨便、簡單。

有一天，他又遇到了那位老朋友，老朋友見他這副樣子更加驚訝，勸他好好整理一下頭髮，換件衣服改變一下形象。可是愛迪生又說：「這有什麼關係？反正這裡的人都已經認識我了。」

看到差別了嗎？在成名之前愛迪生低調做人；可是在成名之後，他依然一如既往！他將有限的精力用於更值得關注的事情上，一心專注在自己的研究之中，最終實現了偉大的突破。

做人就應如此保持低調，不因為自己做出了成就而覺得高人一等，也不因得到了外界的肯定而洋洋自喜。優秀的人不會因做人低調而埋沒，相反的他們會因自己做事的高調和成就獲得外界的認可！

Chapter 04

動動腦筋，生活處處需要創新

知識讓你擁有通往成功的條件，
機智讓你處理好複雜的關係，豁達的態度讓你成為真正的智者。
智慧是照亮漫漫長夜的一盞明燈，
有智慧的人會時刻擁有希望；智慧是溫暖冰封寒冬的陽光，
擁有智慧的人會時刻擁有力量！

一個小兵的主意

有一艘英國驅逐艦停泊在某國的港灣，那晚明月高照，四周一片寧靜。一名士兵按例巡視全艦時，突然停步站立不動，因為他看到一個烏黑的東西在不遠的水上浮動著。他驚駭的看出那是一枚觸發水雷，可能是從某處雷區脫離出來的，而且水雷正隨著退潮慢慢向著艦身中央漂來。

士兵抓起艦內通訊電話機，他通知了班長，班長馬上快步跑來。他們很快的通知了艦長並且發出全艦戒備訊號，全艦立時動員了起來。

官兵都愕然的注視著那枚慢慢漂近的水雷，大家都瞭解眼前的狀況，災難即將來臨。

軍官們立刻提出各種辦法。他們該起錨開走驅逐艦嗎？不行，沒有足夠時間了。發動引擎使水雷漂走？不行，因為螺旋槳轉動只會使水雷更快的漂向艦身。以槍炮引發水雷？也不行，因為那枚水雷太接近艦裡面的彈藥庫。那麼該怎麼辦呢？放下一艘小艇，用一支長桿把水雷推走？這也不行，因為那是一枚觸發水雷，同時也沒有時間去拆水雷的雷管。悲劇似乎是沒有辦法避免了。突然，一名小兵想出了比所有軍官想的更好的辦法。「把消防水管拿來。」他大喊著。大家立刻明白他的用意。他們朝艦艇和水雷之間的海上噴水，製造出一條水流把水雷帶向遠方，然後再用艦炮引爆了水雷。

這位小兵真是了不起，他具有在危機狀況下冷靜而正確思考的能力，別出心裁的解決了眼前的困難。

其實每個人都有這樣的天賦與能力，只是我們常常因循守舊，沒有創新思維的習慣。如果你能夠打破舊想法、舊慣例，那麼問題就會迎刃而解，而你自己也得到了更大的鍛鍊。

沉默的銅人最有價值

從前有個國家，進貢了三個金碧輝煌，一模一樣的銅人給另一國，受進貢的國王看了非常高興。可是，進貢的國家同時還出了一道題目：這三個銅人中，哪個最有價值？

國王試了許多的辦法，請來珠寶匠檢查、秤重量、看做工，但是得到的結果都一模一樣。

怎麼辦？使者還等著回去回報呢！我們泱泱大國，不會連這個小事都不懂吧？最後，有一位退休的老臣說他有辦法。

國王將使者請到大殿，老臣胸有成竹地拿著三根稻草，插入第一個銅人的耳朵裡，這稻草從另一邊的耳朵出來了；第二個銅人的稻草從嘴巴裡掉出來；而第三個銅人，稻草插進去後就直接掉進了肚子。

老臣說：第三個銅人最有價值！

使者默默無語，因為答案完全正確。

從這個故事裡，你明白了什麼道理呢？

最有價值的人，不一定是最能言善道的人。上天給了我們兩個耳朵一個嘴巴，本來就是讓我們多聽少說的。如果你忽視了這一點，一味做個誇誇其談的人，到頭來只會一事無成。

善於傾聽，才是成熟的人最基本的教養，也是最有價值的生存法則。

太平洋底的電纜

很多年前，穿越太平洋底的一根電報電纜因破損需要更換。這時，一間不起眼的裝飾品店老闆卻沒有將這消息等閒視之，他十萬火急的毅然買下了這根報廢的電纜。

沒有人知道小老闆的企圖，只覺得「他一定是瘋了！」而老闆呢？他馬上關起了店門，將那根電纜洗淨、弄直，還剪成一小段一小段的，然後裝飾起來作為紀念物出售。

太平洋底的電纜紀念物，還有比這更有價值的紀念品嗎？就這樣，他輕鬆的發財了。

接著，他又買下了歐洲某國皇后的一顆鑽石，那淺黃色的鑽石閃爍著稀世的華彩，人們不禁好奇，老闆是要自己珍藏還是哄抬更高的價位轉手？但是老闆卻開始籌備一場首飾展示會。

可想而知，想一睹皇后的鑽石風采的參觀者，會怎樣蜂擁著從世界各地接踵而至。他幾乎坐享其成，毫不費力就賺進了大筆的財富。

這位商人最突出的特質就是別出心裁，想到別人所沒有想到的點子，進而創造了一個個的商業奇蹟。

生活中，這樣別出心裁的機會並不少，可是並不是每個人都能抓住。運用腦筋，做一個有智慧的人吧。

地圖的背面

有一個作家在家寫稿時，他五歲的女兒吵著要他陪。作家覺得很煩，就將一本雜誌的封面撕碎對他女兒說：「妳先把這上面的世界地圖拼完整，爸爸就陪妳玩。」

不到五分鐘，女兒又來拖他的手說：「爸爸我拼好了，陪我玩！」

作家很生氣：「小孩子愛玩可以，但如果說謊話就不好，怎麼可能這麼快就拼好世界地圖！」

女兒非常委屈：「可是我真的拼好了呀……」

作家一看，果然如此。

「不會吧！難道家裡出了個神童？」他好奇的問：「妳怎麼做到的？」

女兒說：「地圖的背面是一個人像。我反過來拼，想說只要這個人像拼好了，那世界地圖也就完整了。」

很多事情看似很難、很棘手，但都是有捷徑可以走的。像故事中那個小女孩那樣，看到正面的地圖雖然很難拼好，但是背面的人像卻很容易拼出來，找到捷徑事情就好辦多了。

以後的生活中，你會舉一反三嗎？

魚大，從來都不是問題

有一位秀才很想吃鯉魚。這天上午，他吩咐僕人去買一條鯉魚。中午吃飯時間到了，卻不見僕人叫他吃飯。

秀才心想，也許是魚還沒蒸熟吧。可是到了下午，仍舊不見僕人叫他吃飯。秀才餓得肚子咕咕叫，他親自到廚房去看個究竟，卻看見鯉魚仍擺在砧板上。

秀才生氣的叫僕人來質問原因。僕人無可奈何的指著鍋說，他在市集挑了一個早上，但是儘管挑出這條最小的鯉魚，可是這鍋子還是裝不下，他也正苦惱著想辦法呢！

就因為鯉魚大而鍋小無法蒸，所以那天午餐，秀才就沒有飯吃了。

變通，是這個世界上經常需要做的事情，而如何變通，則要人們去想辦法。故事中的僕人笨得只注意到魚太大，鍋裝不下；卻沒想到把魚切開，不就能放到鍋裡了嗎？

生活中也會有這樣的事情發生，遇到時你要首先考慮，可以改變什麼和不能改變什麼。

超前意識

英國有一家規模不大的農具廠，在第二次世界大戰中生意蕭條，工廠老闆德瑞恩看到戰時百業俱凋，只有販賣軍火是個熱門行業，而自己與它無緣。於是，他把眼光轉向未來市場，他告訴兒子，農具廠需要轉型改行。

兒子問他：「改成什麼？」

德瑞恩說：「改成生產殘廢的人要用的輪椅。」

兒子當時非常疑惑，不過還是遵照父親的意思去做。經過一番設備改造後，一批批輪椅面世了。隨著戰爭的結束，許多在戰爭中受傷致殘的士兵和平民，紛紛購買了輪椅。德瑞恩工廠的訂貨者非常多，該產品不但在本國暢銷，連國外也來購買。

德瑞恩的兒子，看到工廠生產規模不斷擴大財源滾滾，在滿心歡喜之餘，不禁又向其父請教：「戰爭已經結束，輪椅如果繼續大量生產，需要量可能已經不多了。未來的幾十年裡，市場又會有什麼需要呢？」

老德瑞恩胸有成竹的反問兒子：「戰爭結束了，人們的想法是什麼呢？」

「人們對戰爭已經厭惡透了，希望戰後能過著安定美好的生活。」

德瑞恩進一步指點兒子：「那麼，美好的生活靠什麼呢？要靠健康的身體。將來人們會把身體健康作為重要的追求目標。所以，我們要為生產健身器材做好準備。」

於是，生產輪椅的機械生產線，又被改造為生產健身器材。最初幾年，銷售情況並不太好。這時老德瑞恩已經去世，但是他的兒子堅信父親的看法，仍然繼續生產健身器材。

就在戰後十年左右，健身器真的開始走紅，不久便成為熱銷商品。當時德瑞恩健身器在美國僅此一家、獨領風騷。老德瑞恩之子根據市場需求，不斷增加產品的品種和產量並擴大企業規模，使德瑞恩家庭進入了億萬富翁的行列。

從這個工廠的發展史中可以知道，正是由於德瑞恩有著遠大的眼光，在超前意識的引導下不斷進行創新，進而為他帶來了利益。

眼光，是成功的一個必要因素。德瑞恩看事情的眼光獨到又預測得很準，所以成功的將工廠轉型而抓住了商機。

生活中，人們面臨的問題有很多，不確定的事情也比比皆是，如果能夠有像德瑞恩那樣的智慧，就不怕會落在別人的腳步之後了。

突破思維的既定模式

茱莉亞開了一家蛋糕店，但是生意一直冷冷清清。而蛋糕店這個行業的競爭本來就十分激烈，加上當初她在選擇店面位置上出了錯誤，所以她的店開在一個偏僻的巷子裡。不到半年的時間，店面就快支撐不下去了，茱莉亞也無奈的想結束生意。有一天，茱莉亞在店裡碰到一個要幫男朋友買生日蛋糕的女客人。當員工問她想在蛋糕上寫什麼字時，女客人囁嚅了半天才吞吞吐吐的說：「我想寫上『親愛的，我愛你』。」

茱莉亞一下子就明白了女客人的心思。原來她想寫一些很親熱的話，但是又不好意思讓旁人知道。茱莉亞很快的發現了這裡面蘊涵的商機：有這種想法的客人一定不止一人，而且現在每個蛋糕店的祝福詞都是千篇一律是「生日快樂」之類的，我何不來嘗試用些個性化的祝福語呢？

於是，茱莉亞經過深思熟慮，作出了這樣一個決定：要再多買一些專門用在蛋糕上寫字的工具，並也送給每個來買蛋糕的顧客一支，這樣客人就可以自己在蛋糕上寫一些祝福語，就算是個人隱私也不怕被人看到。

沒想到廣告一出立刻顧客盈門，接下來的一個星期裡，顧客比平時增加了兩倍，大家都是被「能自己寫字的蛋糕」吸引來的。

從此店裡的生意蒸蒸日上，客戶量像奇蹟一樣增加，老闆打鐵趁熱的又開了幾家分店，生意也越做越大了。

生活中，如果一味的因循守舊、不肯創新，那最後無疑是故步自封。只有敢於突破思維的既定模式，才有飛躍和創造性的發現。只有創新思維，才可能取得成功及新的點子，在工作、學習和生活中才能夠得到更大的利益，不斷的走向成功。

智慧不是「小聰明」

有一次，曹操的花園建成後他親自來審查。他看了之後不發一語，只在園門上寫了一個「活」字。

工匠們不解其意，官員們也不明白。只有楊修在一旁笑著說：「丞相嫌園門設計得太大了」，工匠們便把門改小了。曹操見改造後的園門，心裡非常高興，可是一聽說是楊修建議這麼改的，曹操口中雖然稱讚楊修，但是心裡卻嫉恨楊修的才華。

又有一次，曹操與眾官員騎馬同行。路過曹娥碑時，見碑上鐫刻了「黃絹幼婦，外孫虀臼」八個字，大家都不明白什麼意思。楊修正要搶著說答案，曹操卻制止他，說他要自己想一想。

直到走過三十里路以後，曹操才說：「我已經明白那八個字的含意了，你說說你的見解，看我們是否所見略同。」

楊修說：「這八個字實際上是『絕妙好辭』四字，是對曹娥碑碑文的讚美。」曹操再度驚嘆楊修敏捷的思維。

曹操平漢中時連吃敗仗，進退不能、心中猶豫不決。當晚廚子做一道雞肋湯，正好底下官員來問夜行口號，曹操順口就說「雞肋」。

楊修見令傳「雞肋」，便讓隨行軍士收拾行裝準備歸程。將士們問何以得知魏王要回師，楊修說：「雞肋者，食之無肉、棄之有味。今魏王欲進不能，欲退又恥，傳出『雞肋』令，不出幾天一定退兵。我們做好準備，以免到時倉皇。」曹操早恨楊修才高於己，今見楊修又猜透了自己的心事，便以擾亂軍心定罪，殺了楊修。

做人要有智慧，但這並不是說要將聰明外露。楊修就是因聰明外露而招致曹操的忌恨，導致自己遭受了身家禍患。

木秀於林，風必摧之，太突出反而容易遭到忌恨和破壞。掩飾自己的過人之處，正是對自己最佳的保護。

智慧也是一種自保，只有那些大智若愚，巧妙隱藏自己過人之處的人，才能夠在動盪中倖存，逐漸累積自己的實力並開創一番事業。

我要租房子

有一對要租房子的夫妻，兩人拖著疲累的身軀挨家挨戶的找房子看，但都沒有看中意的。

到了下午，奇蹟出現了，兩個人共同看上了一間他們都滿意的房子，他們急著想付訂金把房子訂下來！這時，房東老婦人看到了他們身旁的小孩突然說：「租房子，我只有一個條件，那就是我不租給有小孩子的家庭。」

這對夫妻聽完面面相覷，正當他們沮喪得要離去時，只見小孩又回頭按了電鈴。老婦人開門說：「你有什麼事情啊，小朋友？」

孩子說：「老奶奶，我要租房子！」

老婦人說：「我已經說過了，房子不租給有小孩的家庭。」

小孩：「我知道啊！我只有爸爸媽媽沒有小孩子啊！你可以把房子租給

我！」

老婦人笑了，誇這個孩子真是聰明，於是就把房子租給了他們。

故事中，聰明的孩子懂得換個角度來做事。其實，這樣的場合還有很多。換個角度、換個說法、換個方式，同樣的事情就會有不同的結果，全在你如何去做。

學會變通，用點腦筋去做事情，你會發現，原來一切都會很順利！

別出心裁的梨子

有一年，因為市場上的梨子供過於求，導致果農們遭受了很大的損失，所以紛紛放棄種植梨子。其中一個聰明的果農想到：要是我的梨子能夠與眾不同，不就可以打開銷路了嗎？他想讓梨子增加一個「祝福」的功能，就是讓梨子上出現「喜」字、「福」字等喜慶字樣。

於是第二年當梨子還長在樹上時，他就把剪好的紙樣貼在梨子面對陽光照射的一面，如「喜」、「福」、「吉」、「壽」等。

果然，因為貼了紙的地方陽光照不到，梨子上也就留下了痕跡——比如貼的是「福」，雪梨上也就有了清晰的「福」字了！果然在該年度中，他的「祝福」梨獨領風騷，讓他賺了一筆大錢！轉眼到了第二年，別人也學會了他的做法。可是這個果農更絕了——他早已將他的梨子一袋袋裝好，且袋子裡那幾個有字的雪梨都能組成一句甜美的祝詞，例如「壽比南山」、「一帆風順」、「祝您幸福」、「永遠想念你」等。比起單調的一個字，當然是這種有祝福句的梨子更受歡迎了。

同樣的是水果，不同的是祝福。如果沒有創新、沒有變通，那麼一模一樣的梨必將面臨激烈的競爭。只因別出心裁的刻上字，頓時就顯示出了它獨特的效果。生活中處處都需要創新，只有動動腦筋，才能時刻走在人們的前面。

做完五道題的智慧

有一所學校期末考的最後一天，在教學樓的台階上，一群高年級的學生擠成一團，正在討論幾分鐘後就要開始的考試，他們的臉上充滿了自信，這學期大家學習都很努力，相信這次一定能取得不錯的成績。

他們興高采烈的進教室。但是當教授把試卷分發下去後，許多人一看到試卷前面的題目很陌生時，表情一下子沉了下來，教室裡多了一絲緊張的氣氛。三個小時過去了，老師開始收試卷。學生們看起來不再自信了，他們的臉上是一種恐懼的表情，沒有一個人說話。

教授手裡拿著試卷，面對著整個班級。他俯視著眼前那一張張焦急的面孔，然後問道：「完成五道題目的有多少人？」沒有一隻手舉起來。

「完成四道題的有多少？」仍然沒有人舉手。

「三道題？」「兩道題？」學生們開始有些不安，在座位上扭來扭去。

「那一道題呢？」終於有人舉手了。

但是整個教室仍然很沉默。教授放下試卷說：「這正是我期望得到的結果。在這張紙卷裡，我只出了兩道你們會做、能夠做得出來的題目，但是我沒有像一般試卷那樣，把簡單的題目放在前面，把難題放在後面。如果你們還是像以前一樣的想法，拿到考卷就從第一道題開始做，等發現束手無策時才往下一題看，那麼等你發現你會做的那兩道題目時，時間就不夠了，也還是不能完成題目。這就是為什麼許多人只做了一、兩道題，或者根本還來不及做任何一道題目的原因。」教授語重心長的說道。

在學校裡，你總以為自己可以完成一切的考驗，但是在人生中不是這樣。你會遇到自己無法解決的難題，會遇到自己不屑一顧的事情，處理好這些複雜問題的祕訣，就是把精力放在最重要的事情上。

集中精力把這些問題解決好，這也是生存的智慧。

先放進最大的玻璃球

在一堂有關時間管理的課上，老師在桌子上放了一個空罐子，然後又從桌子下面拿出一些玻璃球放進罐子裡。當老師把玻璃球放完後，問學生：「你們說，這罐子是不是滿的？」

「是。」有的學生異口同聲地回答說。

「真的嗎？」老師笑著問。然後老師又從桌底下拿出一袋碎石子，並把碎石子從罐口倒下去，搖一搖後再加一些，又問學生：「你們說，這罐子現在是不是滿的？」這回他的學生不敢回答得太快。最後班上有位學生怯生生的小聲回答：「也許沒滿。」

「很好！」老師說完後，又從桌下拿出一袋細土，慢慢的倒進罐子裡。倒完後又再問班上的學生：「現在你們再告訴我，這個罐子是滿的?還是沒滿？」

「沒有滿！」全班同學這下學乖了，大家很有信心的回答說。

「好極了！」老師再一次稱讚這些「孺子可教也」的學生們。

稱讚完後，老師從桌底下拿出一大瓶水，把水倒在看起來已經被玻璃球、小碎石、沙子填滿了的罐子。

學生們頻頻點頭，似乎從這個過程中領悟了重要的意義。

這時，老師把罐子裡的東西都倒出來，然後先往罐子裡倒滿了水，然後再向其中加滿沙子，當然這時水就全部溢出來了。然後他試圖再向其中放入碎石子，可是只能在瓶口放進幾塊。再想放玻璃球的時候，當然一塊都放不進去了。

當這些事都做完之後，老師看著全班同學說：「這兩個過程大家都看清楚了吧？我想告訴各位的是，在你的學習及生活中，總有一些事情要比其他的重要。你不用精力去做主要的事情，而是盲目的追求無關緊要的東西，是不會取得成就的。如果不先將大的玻璃球放進罐子裡去，你也許以後永遠沒機會把它們再放進去了。」

你知道自己生活中那最大的玻璃球是什麼嗎？你有先將它放到瓶子裡了嗎？用主要的力氣來抓住你人生中的玻璃球吧！分清楚什麼才是主要的目標、什麼是次要的目標，然後用精力做最主要的事情，才能獲得成功。

沒有目標的低頭往前衝，到頭來什麼都無法收穫。

撲克牌在哪裡

在一個監獄裡，關押著四個偷竊犯。巡邏員在巡查的時候，發現這四個犯人正在用撲克牌賭博。巡邏員生氣的馬上打開牢門，對四個人逐一搜身檢查，結果卻沒發現撲克牌，巡邏員十分沮喪的離開了。

過了兩天，巡邏員發現這四個犯人又在用撲克牌賭博了。他先悄悄的躲在牢門邊，然後趁裡面的人不注意時，迅速打開牢門衝了進去，並且命令四個犯人統統臉朝牆壁站好，還要他們把衣褲全部脫掉。然後，巡邏員對四個人的衣褲再全部進行徹底的檢查。結果，還是沒發現撲克牌！

這讓巡邏員一籌莫展。於是，他決定向巡邏長報告。巡邏長聽了他的報告以後，胸有成竹的對巡邏員說：「你再去搜查一次。我會看著。」

巡邏員又去牢房裡搜查了一遍，這一次查得更仔細認真，結果還是沒有查到那副撲克牌。巡邏員十分懊惱，不知如何向巡邏長報告。這時，巡邏長走到了牢房門口，對在裡面檢查的巡邏員說：「撲克牌已經找到了。」「在哪裡？」巡邏員驚訝的問。

「在你的口袋裡。」巡邏員一摸口袋，撲克牌真的在自己口袋裡。

原來，因為這四個人都是偷竊慣犯，偷竊的技術已經十分純熟。當巡邏員打開牢門進牢房的時候，他們就把撲克牌放進了巡邏員的口袋；而在巡邏員出牢房之前，他們又把撲克牌從巡邏員口袋裡拿了出來。巡邏長看到了四個嫌疑犯的一切行動，終於查出了這副消失的撲克牌在哪裡。

這個巡邏員為什麼查撲克牌總是撲空？就是因為他只想到四個嫌疑犯身上藏有撲克牌，而沒想到要在自己身上搜查一遍。

其實很多人都是這樣，只知道有問題，卻不能抓住問題的核心和根基。

當你面對問題毫無頭緒的時候，不妨動動腦筋、打開思路，多考慮幾種可能，不要將思路局限在一個地方，這樣才能更容易找到答案。

誰的臉是乾淨的

萊威特小時候十分貪玩。母親再三告誡他：「不能再這樣下去了。」

萊威特總是不以為然的回答：「你看看我的夥伴們，他們不都和我一樣嗎？」

有一天，爸爸跟萊威特說了一件有趣的事情。

爸爸說：「昨天，我和洛恩大叔去清掃南邊工廠的一個大煙囪。那煙囪只有踩著煙囪內的鋼筋階梯才能上去。你洛恩大叔在前面，我在後面。我們抓著扶手，一階一階的終於爬上去了。下來時，你洛恩大叔依舊走在前面，我跟在後面。鑽出煙囪時我看見你洛恩大叔的模樣，心想我一定和他一樣，臉髒得像個小丑，於是我就到附近的小河裡去洗洗臉。而你洛恩大叔呢，他看見我鑽出煙囪時乾乾淨淨的，就以為他也和我一樣乾淨，於是就只隨便洗了洗手就上街了。結果，街上的人看到都笑到肚子痛了，還以為你洛恩大叔是個瘋子呢。」

爸爸對萊威特說：「其實，誰也不能當你的鏡子，只有自己才是自己的鏡子。拿別人當鏡子，白癡或許會把自己照成天才的。」

萊威特聽了，頓時滿臉愧色，從此離開了那群頑皮的孩子。他時常用自己當鏡子來審視和映照自己，他發現了自己的內在與其他人的差別，並且開始了自己的目標去追求。

每個人都有自己的幻想、美夢、希望以及恐懼。成功勝利由自己創造，失敗挫折由自己承擔。因為你是自己的主宰，所以才能深刻瞭解自己。因為認識自己，所以能喜歡自己，接納自己的一切，進而將自己最好的一面呈現出來。誰都習慣按照別人的樣子，因為這樣就可以為自己的行為找到依據。

可是，你選的那個「模範」正確嗎？有沒有想過，就像故事中說的那樣，看到臉髒的人就以為自己的臉也一定是髒的，看見乾淨的人則以為自己乾淨，原來都只是選錯了「鏡子」！生活中還是做好自己，自己當自己的鏡子，才不會被「髒的鏡子」騙了眼睛。

你們一定需要的東西

有一家公司正處在銷售的旺季，幾乎人人動員每天都加班到很晚。這時，一個年輕人貿然來到了人力資源部。

「你們需要一個設計師嗎？」

「不需要！」

「那麼助理呢？」

「不需要！」

「那麼現場指揮、場務人員呢？」

「不，目前沒有空缺。」

「這樣的話，你們一定需要這個東西。」說完他從包包中拿出一塊精緻的小牌子，上面寫著「無空缺，暫不僱用」。

經理看了看牌子，微笑著點頭說：「如果你願意，可以到行政部工作。」這個年輕人利用自己製作的牌子，表達了自己的機智和樂觀，留下了美好的「第一印象」，引起了對方極大的興趣，也為自己贏得了一份滿意的工作。

機會稍縱即逝，如果沒有先聲奪人，在萬千競爭者中，誰都很難脫穎而出。當你向機會走去，從邁出第一步的時候，就要時刻戒備。

要記住，你是一個獨特的個體，要主動、積極、別出心裁，才能夠得到別人的注意和讚許。

田忌賽馬

戰國時，齊國貴族很愛賽馬。可是大將軍田忌運氣不佳，屢賭屢輸。

這天賽馬又輸了，他回家後悶悶不樂，還發誓說再也不去了。他的軍師孫臏勸他再試一次，並說自己有把握讓他獲勝。

原來，賽馬按奔跑的速度分為上、中、下三等，每等次的馬分別比賽。孫臏早已查覺到田忌的馬只是比別人的馬差了一點點，只要略施小計就可以反敗為勝。

所以孫臏要田忌把三等馬充作一等馬賽跑，果然敗在了別人的一等馬之下；然後用自己的二等馬與別人的三等馬比賽，果然獲得了勝利；再用自己的一等馬與別人的二等馬賽跑，又是大獲全勝。

最後，田忌以二比一贏得了比賽最後的勝利。馬匹沒有變，但是調整一下順序，就轉敗為勝皆大歡喜了。

一些你認為做不到的事，其實只是因為你沒想到做好事情的方法。

人們在面臨抉擇的時候，由於思維的惰性，所以很容易就放棄思考而作出錯誤的選擇，結果可想而知，人們總是習慣延續著前例而不思改善。如果能夠仔細分析、找到出口，劣馬也能勝過良馬，劣勢也能變成優勢。

不為五角而玩

有一群孩子在一位老人家門前嬉鬧，叫聲連天。

幾天過去了，老人難以忍受，於是他各給了每個孩子三元並對他們說：「你們讓這兒變得很熱鬧，我覺得自己年輕了不少，這點錢是想表示我的謝意。」孩子們很高興。

第二天孩子們仍舊來了，還是一如往常的嬉鬧，老人又出來各給了每個孩子兩元。老人說自己沒有收入，只能給這些。

「兩元也還可以吧！」所以孩子們依然興高采烈的走了。

第三天，老人只給了每個孩子五角。

孩子們生氣的說：「一天才五角！你知不知道我們多辛苦！」他們對老人說：「我們再也不會為你而玩了！」

這位老人沒有訓斥孩子，而是別出心裁的讓孩子們自己走開，這是一種智慧。反過來想，孩子們因為收到錢，覺得自己是為了老人或者為了錢而玩的，而事實上真的是這樣嗎？

你是在為誰學習、又是為誰努力呢？想想這個問題吧，答案會讓你變得更有智慧。

擱淺的鯊魚

有一條強壯的年輕鯊魚在海洋中悠閒游著，大大小小的魚都為了躲避牠而紛紛逃命。牠很得意也很自信，因為鯊魚是海洋中的霸主，牠擁有巨大的身軀，游動起來如排山倒海一般強壯無比，真是威風極了。

鯊魚餓了就去找魚群，當牠接近魚群時，魚兒們還不知道怎麼回事，就已經連同海水一起被鯊魚吞到嘴裡了，然後鯊魚將海水吐掉，把魚兒們吞到肚子裡。有時就算鯊魚吃飽了，也喜歡追逐魚群，因為想看魚兒們狼狽逃命的樣子。

青魚是鯊魚最愛吃的魚，牠們常常被鯊魚成群結隊地吞進肚裡，所以鯊魚已嚴重威脅到青魚的生存了。青魚中的一位智者決定除掉這隻可恨的鯊魚。可是，青魚要殺死鯊魚，那不是做白日夢嗎？但是這條青魚中的智者自有牠的想法，牠組織一群群青魚向這條鯊魚衝擊。

鯊魚感到很好笑的心想：「這跟自動送上食物有什麼兩樣？」於是，面對紛紛衝上來的青魚，牠張開大嘴一一將一群群的青魚吞進肚裡，顯然勝利者百分之百是鯊魚。一天又一天過去了，青魚們總是失敗，而鯊魚仍是勝利的結束戰鬥。

每次取得勝利，鯊魚都十分興奮，牠興致勃勃的追逐著青魚的殘兵敗將，將它們一一吞入口中。在一次又一次的勝利中，牠享受著勝利者的喜悅和自豪。有時鯊魚想，青魚這樣跟自己對抗實在是太愚蠢了，如果要從海洋中選出世界上最愚蠢的魚，那非青魚莫屬了。

這天，一大批青魚又向鯊魚發起了挑戰，而鯊魚一張口就將牠們消滅了大半，剩下的一小部分青魚狼狽逃跑。這時鯊魚起了興致，心想：「你們哪有我游得快，一個也別想逃命。」於是，牠尾隨在後的一口一口吃掉青魚。青魚越來越少，但仍然有一些青魚試圖逃脫鯊魚的追殺，鯊魚決定乘勝追擊到底，要將牠們徹底消滅而一路追了下去。

鯊魚忘了自己追了多遠，正當牠要張口吞下最後一群青魚時，忽然發現自己的肚皮已經觸到了淺水灘的沙子，牠的本能告訴自己這很危險。可是，由於用力過猛，牠此時已經無力控制自己的身體，只見牠的巨大身軀一下子衝上了沙灘。牠想抽身返回，可是已經來不及了。牠擱淺了，也在掙扎著不久後無奈的死去。

許多時候，你最落寞的時候往往很安全，你最得意的時候卻最危險。因為危險常常潛伏在你不注意的角落，當你得意時便乘虛襲擊。

得意、高興時千萬不要忘形，還要時刻保持警惕，這樣才不會讓自己由一條得勝的鯊魚，變成擱淺的鯊魚。

掃陽光的故事

湯姆和傑瑞兄弟兩人住在閣樓上，由於年久失修，所以閣樓的窗戶只能整天密閉著。厚厚的布和滿是灰塵的窗戶遮住了陽光，使得整個屋子十分陰暗。兄弟倆看著外面燦爛的陽光覺得十分羨慕，商量說：「我們可以一起把外面的陽光掃一點進來。」

於是，他們就拿著掃帚和畚箕，到陽台去掃陽光了。

他們很用心的將照在地上的陽光掃進畚箕裡，然後又小心翼翼的搬進閣樓，可是一進到樓梯口的黑暗處，陽光就沒有了。但是他們並沒有放棄，而是一而再，再而三的掃並且小心翼翼的搬，但是屋內還是沒有陽光。

「為什麼我們這麼努力都無法將陽光運到屋子裡來呢？」這個問題讓他們困惑不已。

正在廚房忙碌的外婆，看見他們奇怪的舉動問道：「你們在做什麼？」

他們回答說：「房間裡太暗了，我們要掃點陽光進來。」

外婆笑道：「只要把窗戶打開，陽光自然會進來，何必去掃呢？」

做事情不僅要努力，還需要方法。方法如果不正確，再多的努力也是枉然；方法如果精巧，可以很方便就達到事半功倍的效果。

生活中也會有許多這樣的難題，遇到這些問題的時候，你會想到去打開一扇窗嗎？

Chapter 05

決定你速度的不是雙腳，而是心靈的力量

你的心中有沒有信心呢？其實，信心就是對自己的信賴，
就是對自己有著清醒和深刻的認識。
信心，首先要求你珍視自己所擁有的一切，
不要為自己的處境、外表、能力等不如別人而自慚形穢。
信心是一種信念，相信自己所擁有的就是最好的，
相信自己能夠做到最好。信心更是一種力量，
可以發掘你所不知道的潛能。

誰知道戒指的價值

有一個年輕人，總覺得自己什麼事也做不好，也沒有人看重他。因為不知該怎麼辦，所以感到非常困惑，於是就去請教一位博學的老人。

老人說：「孩子，我能理解你的困惑，也很同情你的遭遇。不過很可惜，我無能為力，因為我自己也有好多事情沒有處理。」年輕人聽了之後很失望。

老人盯著年輕人看了一會兒，然後說道：「不過如果你願意幫我的話，我就可以很快處理好一些事，之後也許就能幫你了。你願意嗎？」

年輕人點點頭，然後問老人自己能夠幫什麼忙。老人從手指上脫下一枚戒指交給他並說：「我現在急需用錢，你幫我到市集上把這枚戒指賣了吧！要記得，賣的價錢越高越好，無論如何都不能少於一萬塊。」

於是，年輕人來到市集上，打出了招牌說要賣戒指。很多人圍了過來，可是一聽戒指要賣一萬元，大家就都走了。有人哈哈大笑說年輕人頭腦發昏，還有的人說他異想天開，因為大家都覺得價格太高了。

年輕人走遍了市集到處兜售戒指，可是始終沒有人肯出一萬塊買下它。年輕人只好垂頭喪氣的回來，心裡默默的想著「要是自己有一萬塊該多好，就可以幫助老人了，然後也能夠得到老人的幫助解惑。」

老人看著年輕人沮喪的樣子，就知道他沒有辦成事情。年輕人很抱歉的告訴老人，雖然有人想買戒指，可是出的都是幾百塊這樣的價錢。他覺得太不值了，於是沒有草率的賣出，只好空手而歸。

沒想到老人不僅沒有責罵他，還告訴年輕人說：「你做得很對，一枚值一萬塊的戒指為什麼要幾百塊賤賣了呢？這樣吧，明天你去一下城裡的珠寶店，看看那邊的珠寶商想不想買，再問問他們肯出什麼價錢，回來再跟我商量一下。」

第二天，年輕人去了珠寶店，找到珠寶商人說自己有一枚戒指想賣掉，問他能出什麼價錢。珠寶商仔細看了戒指然後說：「這是一枚古董戒指啊！

價值連城。如果你願意賣的話，我出五十萬買下它。」

年輕人聽了之後大吃一驚，沒想到這個戒指這麼值錢。幸虧昨天沒有在市集上賤賣了它，於是他趕緊回去告訴老人這個好消息。

令他更驚訝的是，老人一點也不吃驚，反而平靜的對他說：「珠寶商遠比小商、小販知道一枚戒指的價值。你不覺得自己也像這枚戒指一樣嗎？珍貴、獨一無二、有著優秀的品質。你怎麼能指望身邊的那些凡夫俗子欣賞你的才華呢？千里馬終究還是需要伯樂去發現的。不然，在普通人的眼裡，千里馬也不過就只是一匹馬而已！」

從你一出生起，許多人就會開始評價：你的相貌如何？你學說話快不快？你的反應是否靈敏、腦子是否靈活……但是，這些評價很多都是大家隨口說說的，並不是真的對你下了定論。

如果別人沒有意識到你有多優秀，那並不值得擔心。因為你就像那枚珍貴的戒指一樣，只有珠寶商的專業眼光，才能發現它真正的價值！

羅斯福怎樣「走」進白宮

二次大戰期間，美國前總統羅斯福是一個風雲人物。他當參議員時，英俊瀟灑、才華洋溢，有著很強的影響力且深受人們愛戴。可是，天有不測風雲。羅斯福在加勒比海度假，有一天在游泳時，突然感到腿部痲痺無法動彈，幸虧有人及時發現並救了他，才避免了悲劇的發生。

但是經過醫生的診斷，羅斯福被證實得到了一種叫做「腿部痲痺症」的惡疾。醫生告訴他，他可能會因此喪失行走的能力。可是勇敢的羅斯福並沒有被醫生的「判決」嚇倒，反而笑著對醫生說：「我不僅要走路，我還要走進白宮，我相信我可以的。」

第一次競選總統時，身體有殘疾的羅斯福，並沒有覺得因此就落在了對手的後頭。他讓助手布置一個大講台，他想讓所有的選民看到他這個患有痲痺症的人，一樣可以不需要枴杖的幫助，能靠自己「走到前面」去演講。競選當天，他身著筆挺的西裝，臉上充滿自信的從後台走上演講台。他每次的腳步聲，都讓選民深深感受到他堅定的意志和十足的信心。

是的，他明確的向全體美國公民傳遞了一個信息：「羅斯福既然能夠重新站起來，他就值得所有人相信！」

後來，羅斯福成為了美國歷史上唯一連任四屆總統的人。他於二次大戰期間在任上去世。但是，他的自信與堅韌，證實了他的偉大！

決定你速度的不是雙腳，而是心靈的力量。決定你的方向的也不是雙腳，而是你的夢想。身體有缺陷的人，只要有夢想和信念，也會因此而越發強大。

每個人都是一顆蘋果，卻被上帝咬了一口。世界上沒有什麼障礙是不能跨越的，就像患了痲痺症的羅斯福一樣，心存理想、充滿自信，一樣能夠「走」進白宮，成為一個令人敬仰的人！

一定是樂譜錯了

小澤征爾是世界聞名的交響樂指揮家，他出色的水準與精湛的技藝，贏得了世界各地觀眾的認可，也博得了業界的嘆服。

有一次，小澤征爾參加了世界優秀指揮家大賽。在最後的決賽上，他按照比賽規則，指揮樂隊按照評委會給的樂譜進行演奏。可是演奏的時候，小澤征爾敏銳的發現，曲調中有一些不和諧的聲音。起初，他以為是某種樂器的演奏出現了錯誤，就停下重新再來，可是還是覺得哪裡不對勁。他憑著自己的經驗判斷一定是樂譜有問題，於是向現場的評委們說出了自己的想法。可是這時，在場評委會裡的權威人士和作曲家們都堅持說，樂譜絕對沒有問題，是他自己理解錯了。

面對這一批音樂大師和權威人士，小澤征爾仔細思索了片刻，最後斬釘截鐵大聲說：「不！一定是樂譜錯了！」沒想到，小澤征爾的話才剛說完，評委席上的評委們紛紛站起來，報以熱烈的掌聲，祝賀他奪魁。

原來，這是評委們精心設計的「圈套」，想看看指揮家在發現樂譜錯誤時，能不能敏銳的感知到；並且在遭到權威人士「否定」的情況下，還能堅持自己的正確觀點。之前參賽的幾位指揮家，雖然也發現了這個錯誤，但敵不過專家們的質疑，就隨聲附和而放棄了自己的觀點，最終向權威妥協了。

小澤征爾卻憑藉自己敏銳的眼光和精湛的技藝，當然更重要的是他對自己的信心，最終摘下了世界指揮家大賽的桂冠。

有經驗的人未必什麼都知曉。如果你經過深思熟慮或者實踐之後，得出了正確的結論卻遭到大家的質疑時，千萬不要懷疑自己。要知道，在這種情況下如果連你都不支持自己，那還指望誰來肯定你呢？相信自己、相信自己的判斷，真理往往就掌握在你的手中！

雙手緊握住自信

有一位女歌手，經過了很長時間的訓練，終於有機會登台演出。可是這是她第一次演出，她覺得十分緊張。一想到自己馬上就要上場面對台下的上千名觀眾，她不禁心跳加速，連手心都在冒汗，不斷的擔心自己在台上會出差錯；要是忘詞了怎麼辦？要是緊張而唱不出聲音怎麼辦？她越想越緊張，心跳得也越來越快，甚至想到乾脆打退堂鼓一走了之不唱了。

老師看到了她的樣子，很清楚這麼多年來教的學生，不管平時多刻苦、多優秀，第一次上台前都不免緊張。於是他笑著走過來，隨手將一個字條塞到學生的手裡，輕聲對她說：「這是妳的歌詞，如果妳在台上忘了就打開來看看，不要緊的，上去吧！」

女歌手握著這張字條，覺得這真是一根救命的稻草，心裡感覺踏實了一些，就深吸了一口氣走上了舞台。也許是因為有那張字條握在手心，讓她的心裡踏實了許多「畢竟還有退路嘛！」這麼一想，心情也平靜了。沒想到，她在台上竟然發揮得相當好，一點都沒有新手的青澀與失常。

演出結束後，她高興的走下舞台向老師致謝，說多虧了這張字條，像給自己吃了定心丸一樣。

老師笑著說：「其實不是字條的功勞！是妳戰勝了自己的膽怯與緊張找回了自信！其實，我給妳的不過是一張白紙，上面根本就沒有什麼歌詞！」女歌手半信半疑的展開手心裡的紙，果然上面什麼也沒寫！她覺得很不可思議，自己竟然憑著一張白紙順利的度過了難關，成功的完成了演出。

「妳握住的其實不是一張白紙，而是妳的自信！」老師告訴她說。

女歌手拜謝了老師，在以後的每次演出乃至人生路上，她總是想起那張白紙，想起自己憑著「握住自信」成功演出的經歷。也繼續憑著這種自信，戰勝了許許多多的困難，取得了一次又一次的成功，成為了優秀的歌唱家。

你能不能做到，很多時候都取決於你是否相信自己能做到。很多人不是敗於殘酷的競爭，也不是敗於強大的對手，而是敗給了自己的懷疑。因為他們懷疑自己的能力，懷疑自己的實力，由懷疑而產生動搖，更會影響自己的發揮。

如果你不想做一個被自己嚇倒的膽小鬼，就要像那個女歌手一樣，時刻在手中握住「一張寫著歌詞的白紙」，握住你的自信！

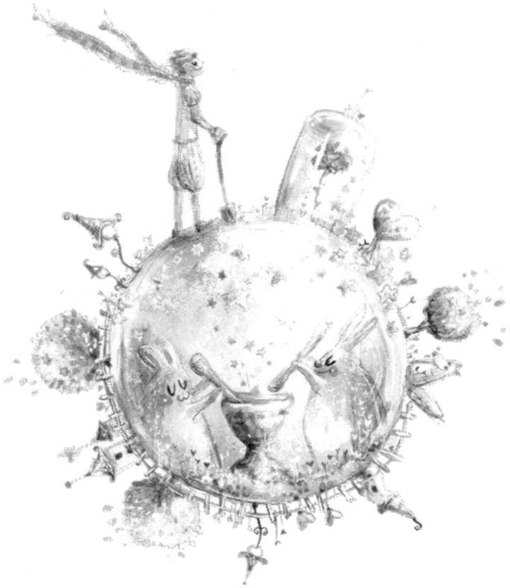

我要保持我的本色

義大利著名的電影明星蘇菲亞．羅蘭，在世界影壇很有名氣，也是一代實力派影星。她之所以能夠成為令世人矚目的超級明星，最重要的是因為她不斷肯定自己的價值，並且擁有強大的自信心。

出於生存的需要以及對電影的熱愛，十六歲的蘇菲亞來到了羅馬，並希望從這裡開始涉足電影界。

可是，她第一次試鏡就失敗了，那些攝影師都說她不夠漂亮、不夠上鏡，大家紛紛說她的鼻子和臀部不夠漂亮。導演卡洛．龐蒂把她叫到辦公室，建議她把臀部削一點，再把鼻子縮短一點。照理說，一個什麼資歷都沒有的女孩子，為了圓電影夢都是會非常聽話的。可是小小年紀的蘇菲亞非常有主見，也很有勇氣，她直接拒絕了導演的要求。

她說：「我當然知道我的外形跟那些已經成名的女演員們不一樣。她們個個相貌出眾、五官端正，而我不是。我的臉不夠完美，但誰說這些缺陷加在一起不會更有魅力呢？如果說我的鼻子上有一個腫塊的話，我會毫不猶豫的把它切除。可是，我的鼻子並沒有長腫塊，說我的鼻子太長，是毫無道理、吹毛求疵的。鼻子是臉的主要部分，它使臉更加生動鮮明，我喜歡我的鼻子和臉原來的樣子。我的臉的確與眾不同，但是為什麼要求我非得長得跟別人一樣呢？我要保持我本來的面目，我什麼也不願改變。」

由於她的勇氣和堅持，使得導演卡洛‧龐蒂開始重新審視蘇菲亞，並且逐漸瞭解、欣賞她。

蘇菲亞沒有對業界的權威們言聽計從，沒有為迎合別人的眼光而放棄自己的特徵，也沒有因為別人而喪失信心，所以才能在電影中充分的展現出她與眾不同的美。後來，由她主演的《烽火母女情》獲得眾人讚賞，她也因此榮獲了奧斯卡金像獎最佳女演員獎。

每個人都是上帝創造的生靈，每一個人都是獨一無二的。不要因為別人的評價而輕易否定自己，也不要因為別人的觀點而輕易改變自己。因為你所擁有的，就是最值得珍惜的。

別人看得起你，不如自己看得起自己。別人可以不相信你，但是你不能否定自己。只有相信自己的價值，認識自己的長處，才能獲得獨一無二的成功！

一步一步向上爬

春暖花開的時候，一隻小螞蟻走出洞穴呼吸新鮮的空氣。

就在牠伸懶腰的時候，看見一隻蝸牛沿著牆角向上爬，螞蟻熱情的向牠打招呼，問道：「蝸牛大哥，這麼著急是要去哪裡啊？」

蝸牛一邊喘著氣一邊回答說：「我要爬到牆頭上面去，我想去看看太陽升起來的時候是什麼樣子。」

「哈哈哈哈……」螞蟻大笑道：「你真是我見過最笨的笨蛋！就憑你那麼慢的速度，一輩子也爬不上高牆的！別做夢啦，蝸牛老哥。我勸你還是老老實實待在下面吧，吃吃喝喝多舒服！別做什麼登高望遠的白日夢了！」

蝸牛說：「不，我還是要上去看一看。螞蟻大哥，難道你就不想上去看看嗎？」

螞蟻笑個不停，不斷嘲弄著蝸牛的舉動。

蝸牛見螞蟻不能理解牠的想法，就頭也不回的繼續向上爬。

第二天清晨，當第一道陽光灑向大地的時候，螞蟻從泥土中伸出頭來，忽然想起了昨天自己嘲笑的那隻蝸牛，卻早已看不見牠的蹤影了。

原來，蝸牛辛苦的爬了一個晚上，終於爬上了牆頭看到日出了。

終日生活在地上忙著搬糧的螞蟻，是無法理解蝸牛爬上牆想看日出的舉動的。蝸牛的速度雖慢，可是牠一步一步往上爬，終會在最高點乘著葉片往前飛，也總有一天會有屬於自己的天。

做人應該像那隻勇敢、自信的蝸牛一樣。也許沒人相信你的夢想，也許很多人都在嘲笑你的選擇，但是你要堅信自己、努力不懈，做一隻堅定、努力的蝸牛，爬上牆頭看日出。

選擇自己的方式

有一天，父子倆趕著一頭驢進城去賣。兒子走在前，父親走在後。半路上有人笑他們說：「難道這世界上還有比驢子還笨的蠢人嗎？有驢子竟然不騎！真是三頭蠢驢。」

父親聽了覺得有理，便叫兒子騎上驢，自己跟著走。過了不久，又有人指指點點說：「真是不孝子啊！年輕人體格健壯，自己騎著驢反而讓老父親走路！」父親一聽有道理，於是叫兒子下來，自己騎上驢背。

走了一會兒又有人說：「這個當父親的怎麼這麼狠心哪！自己騎著驢享受，讓孩子走路，不怕累著孩子？」父親連忙叫兒子也騎上驢背，兩個人一起騎著驢走。心想，這下總該沒人議論了吧！誰知，過了一會兒又有人說：「那頭驢那麼瘦，兩人騎在驢背上不怕把牠壓死嗎？這些人怎麼能這麼殘忍

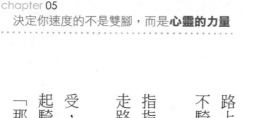

的虐待動物啊！」父子倆真是覺得無奈了，騎也不是，不騎也不是，左右為難。最後，父子倆把驢子四隻腳綁起來，一前一後用棍子扛著。結果，在經過一座橋時，驢子因為不舒服掙扎了一下，竟不小心掉到河裡淹死了！

很多人，做人做事就像這故事裡面的那個父親一樣，太過於在乎別人的看法。人家說什麼，他就聽什麼！結果呢？想做的事情全都沒有做成。一味的在乎別人的看法，只會給自己增加負擔、增加顧慮，甚至會導致放棄自己的想法。

每個人的人生經歷、受教育程度和思想都不一樣，你做的任何一件事情都不會得到所有人的贊同。與其為了每一句批評而作出相應的改變，不妨認真想一下，究竟是自己做得不對，還是別人批評錯了？如果一味的不假思索，就對自己的決定和做法沒有自信，就會像故事中的父子那樣，左也不是右也不是，最終也免不了尷尬的解決。人活在世上，要時刻有自己的信念、信心和決斷。

給自己的獎勵

史蒂芬並不是一個聰明的孩子，最起碼他周圍的夥伴以及他的老師和父母都是這麼認為的。雖然用功學習，可是他從來也沒有得過考試第一名，也從來沒有得過老師和父母的誇獎以及同學們羨慕的讚揚。他甚至覺得，自己根本不會有哪件事情能做得出色，也不會因為表現突出而得到大家的表揚。有一天，就在他獨自傷感的在公園小路上閒逛時，忽然看到湖邊有一個釣魚的老人，他就靜靜的坐在老人旁邊看著湖水發呆。老人彷彿看出了史蒂芬的苦惱，便關切的詢問他。

聽完孩子講的事，老人笑著對他說：「孩子，當你十歲的時候，你覺得最大的獎勵和幸福，就是同學們為你的一次鼓掌及老師微笑的讚揚，當你得到這些的時候，就覺得自己是世界上最富有、最幸福的人；當你沒有得到時，就認為自己是不被別人看重的人。可是孩子，看看我吧！雖然我一生中從沒有得過獎盃，也沒有得過什麼榮譽稱號，現在就連人們平常認為所應該具有的名譽、地位、金錢，我統統都沒有。可是我還是可以氣定神閒的坐在這裡，每天看著太陽東昇西落，享受大自然的恩賜。每當釣起一條小魚時，我想這就是給自己的最大獎勵。」

不要總以外界的目光而決定你自己的價值。第一名永遠只有一個，如果你不是第一名也沒有關係，只要你這一次比上一次做得更好就是進步，只要你下一次比這一次做得更好就是優秀。

真正的獎勵是不斷的進步，真正的獎勵是自己給自己的鼓勵。下一次，如果你做得比以前更好卻沒有得到小紅花時，就在心中給自己戴一朵小紅花吧！給自己獎勵，是為了更大的進步！

打破眼前的「玻璃」

大魚吃小魚是大自然的規律。可是美國一所實驗室的科學家，最近做了一項特別的實驗，發現的結論卻不是如此。那又是怎麼一回事呢？

研究者找來一個很大的魚缸，並在中間用一塊玻璃隔成了兩半。首先，他們在魚缸的一半放進了一條大魚，且連續幾天不給大魚餵食。然後，研究者們在魚缸的另一半裡放進了很多條小魚。餓了許多天的大魚看到小魚後，就迫不及待的朝著小魚游去，可是牠沒有想到中間有一層玻璃隔著，所以硬生生的撞上了玻璃，被頂了回來而且很痛。第二次，牠使出了渾身的力氣朝小魚衝去，但結果還是一樣。這次使得牠疼痛難忍，於是不得不放棄了眼前的美食不再徒勞。

第二天，研究者們將魚缸中間的玻璃抽掉了。小魚們悠閒的游來游去，甚至游到大魚的面前，而此時的大魚卻再也不敢吃小魚了，眼睜睜的看著小魚在自己面前游來游去。因為牠覺得自己和小魚之間永遠隔著一種「可怕」的東西，一旦撞上了，不僅吃不到食物還要忍受痛苦！

其實，很多人心靈中也有這樣無形的「玻璃」。他們從不敢大膽的表明自己的觀念，總是「一朝被蛇咬，十年怕草繩」。因為對自己沒有信心，對未知也充滿恐懼。對未來沒有信心，在挑戰面前過早敗下陣來，當機會來臨時，自然也就錯過了！

一個人要走向成功，就要勇敢的打碎心中的這塊「玻璃」，信心滿滿的踏上新的旅途，才能超越無形的障礙！

失掉自信，失掉的就是一切

尼克森是美國一位非常著名的總統。可是，這樣一個大人物，卻因一個缺乏自信的錯誤而毀掉了自己的前程。

一九七二年，尼克森競選連任下一屆總統。他在第一任期內，政績斐然、聲名卓著。當時，大多數政治評論家都認為，尼克森將以絕對優勢獲得勝利。

可是尼克森本人很沒自信，他走不出過去競選失敗的陰影，即便做出過很大的政績，他仍極度擔心再次失敗。在這種潛意識的驅使下，他鬼使神差的指派手下潛入競選對手入住的水門飯店，在其辦公室內安裝了竊聽器，企圖竊聽對手的競選機密。事發之後，他又阻止調查、推卸責任。這使他一下子失去了很多人的支持，而這也是他畢生後悔的事情。

就因為對自己缺乏應有的信心，本來穩操勝算的尼克森卻慘敗了，並付出了一生的代價，在歷史上留下了黑色的一筆。

不是每個人都時刻信心滿滿的，誰都有懷疑自己的時候。但是，不要因為自己的缺乏信心而做出極端的事情，那樣將會後悔莫及。

尼克森缺乏自信，失掉的是自己的政治前途；歌手因為缺乏自信，失掉的是出名的機會；而普通人如果缺乏自信，可能失去的就是幸福和成功的生活。要記住，就算能失掉什麼，也不能失掉信心！

你現在就是一個富翁

智慧老人在公園裡散步，遇見一個不停唉聲歎氣、滿臉愁容的年輕人。

「憂鬱的年輕人啊，你叫什麼名字？」智慧老人問道。

「我叫理查。」年輕人答道。

「孩子，你為何如此悶悶不樂呢？」智慧老人關切的詢問。

理查看了一眼老人，歎了口氣：「我是一個名副其實的窮光蛋。我沒有房子、沒有工作、沒有收入，每天有一餐沒一餐的度日。像我這樣一無所有的人，怎麼能高興得起來呢？」

「傻孩子」智慧老人笑道：「其實，你應該開懷大笑才對！」

「開懷大笑！為什麼？」理查不解的問。

「因為你其實是一個百萬富翁呢！」智慧老人有點神祕的說。

「百萬富翁？您別拿我這窮光蛋尋開心了。」理查不高興了，轉身想走。

「我怎敢拿你尋開心。孩子，現在能回答我幾個問題嗎？」

「什麼問題？」理查有點好奇。

「假如，現在我出二十萬金幣買走你的健康，你願意嗎？」老人問。

「不願意！」理查搖搖頭。

「假如，現在我出二十萬金幣買走你的青春，讓你從此變成一個小老頭，你願意嗎？」老人又問。

「當然不願意！」理查乾脆的回答。

「假如，我現在出二十萬金幣買走你的美貌，讓你從此變成一個醜八怪，你可願意？」「不願意！當然不願意！」理查頭搖的像波浪鼓一般。

「假如，現在我再出二十萬金幣買走你的智慧，讓你從此渾渾噩噩度此一生，你可願意？」

「傻瓜才願意！」理查一轉頭，又想走開。

「別慌，請回答完我最後一個問題——假如現在我再出二十萬金幣讓你去殺人放火，讓你從此失去良心，你可願意？」

「天哪！幹這種缺德事，魔鬼才願意！」理查憤憤的回答道。

「好了，剛才我已經開價一百萬金幣，仍然買不走你身上的任何東西，你說你不是百萬富翁又是什麼？你現在不是擁有人生最寶貴的財富嗎？」智慧老人微笑著問。理查恍然大悟，他謝過老人的指點向遠方走去。

從此，他不再嘆息、不再憂鬱，而是微笑著尋找他的新生活去了。

人沒有自信，往往是因為感覺自己不如人。覺得自己的錢沒有別人多，覺得自己的外貌不如人，覺得自己的地位不如別人高等……。人在內心裡都有對金錢、地位、成功以及幸福和快樂的渴望，很多人往往因為沒有意識到自己已經擁有的一切，而產生種種不滿的情緒，進而產生種種沒自信的表現。

殊不知，上天給予我們的恩賜都一樣，只是我們沒有拋開慾望和比較的心態，才覺得自己處於劣勢地位。如果你能看到自己所擁有的一切都是最有價值的，自己就是最富有的「富翁」，那麼自信也能隨之建立起來了！

你的心靈，不要被「限高」

在昆蟲界，跳蚤可說是跳高的冠軍。為什麼這個不起眼的小昆蟲可以創造這樣一個奇蹟呢？帶著這個問題，一位教授開始了他的研究。可是他研究了一整天，都沒有找到答案。

第一天下班的時候，教授用一個高一公尺的玻璃罩罩著一隻跳蚤，以防牠逃跑。就在那天晚上，跳蚤為了能跳出玻璃罩就跳啊跳啊，可是無論牠怎樣努力，怎麼跳，都在跳到一公尺高的時候就被玻璃罩擋了下來。

第二天，教授上班取下玻璃罩，驚奇的發現這隻跳蚤只能跳一公尺高了。於是第二天下班時，教授用了一個五十公分高的玻璃罩罩著跳蚤。

第三天，教授發現跳蚤只能跳到五十公分的高度；晚上，教授又用二十公分高的玻璃罩罩著跳蚤。

第四天，跳蚤跳的高度又降為二十公分。到了第四天下班時，教授乾脆用一塊玻璃板壓著跳蚤，只讓跳蚤能在玻璃板下面爬行。果然，到了第五天跳蚤再也不跳了，只能在桌面上爬行。

你能夠跳多高？如果你自己不試試，誰都不會知道。同樣的，你的未來究竟有多精彩？如果你自己不去創造，誰也不會知曉。

在你的生命裡，會有很多時候遇到各種障礙和阻撓，就像那個玻璃罩一樣，限制了跳蚤的高度，也限制了你的發揮。

用一種固定的模式來限制人的能力發揮時，人也會變得萎靡，主觀上誤認為自己不過如此而喪失了自信。但是，永遠不要忘記，永遠不要懷疑自己的能力，永遠不要否定自己所能達到的高度。你所需要的，只是一個恰當的機會，一旦時機成熟，你也可以把不可能變為可能！

「一毫米」的自信

克里斯帝是一個雜技演員，他憑著驚險的高空走鋼絲動作而聲名遠揚，也是雜技團的台柱。

演出時，在離地五、六米的鋼絲上，克里斯帝手持一根長木桿作平衡，赤腳穩當當的走過十米長的鋼絲。克里斯帝技藝高超、身手靈活，還能從容的在鋼絲上做出一些騰躍翻轉的動作。多年來，克里斯帝表演過無數次，從未有過絲毫閃失。

有一次，在演出回來的路上，雜技團裝道具的卡車翻進了山溝，克里斯帝那根保持平衡的長木桿被折斷了。團裡非常重視，不惜高價要尋找粗細相同、長短一致，重量也一樣的木桿。直到克里斯帝覺得滿意時，團長才請油漆匠給木桿刷上與以前那根木桿相同的顏色。

下一次演出時，在觀眾的陣陣掌聲中，克里斯帝微笑著赤腳踏上鋼絲。助手遞給他新的長木桿，它跟以前一樣藍白相間，熟悉卻也陌生。克里斯帝從左端開始默數，數到第十個藍塊後用左手握住；又從右端默數第十個藍塊用右手握緊，這是他過去最適宜的手握距離。然而今天，克里斯帝感到兩手間的距離比以往的長度短了一些。他心裡猛然一驚：「難道是有人將木桿截短了？不可能啊！」他小心翼翼的把兩手分別向左右移動，一直到適宜的距離才停住。

克里斯帝看了看，發現兩手都偏離了藍塊的中間位置，他一下子對木桿產生了懷疑。這時，觀眾席上又一次爆出如雷的掌聲，容不得克里斯帝再多想了。他握緊木桿，提了一口氣向鋼絲的中間走去。

走了幾步，克里斯帝第一次沒了自信，手心有汗沁出。結果，在鋼絲中段做騰躍動作時一個不留神，克里斯帝從空中摔了下來折斷了踝骨，於是表演被迫停止。

團裡事後仔細檢查了一下，發現那根木桿的長度並沒改變，只是油漆匠很粗心的將藍白色塊都增長了一毫米，才導致克里斯帝產生了錯覺。

其實很多情況下，我們的自信都是受習慣、受過去經驗影響的。木桿的長度並沒有變，但自信的「距離」改變了。就是這一毫米長度的變化，影響了克里斯帝的成敗。

人生也是這樣，每一次的情況與問題都會不一樣，如果單純依賴過去的經驗來判定自己有幾成把握，那無疑會受很大的影響。自信，要時刻針對現狀進行調整，才最能適應變化的環境。

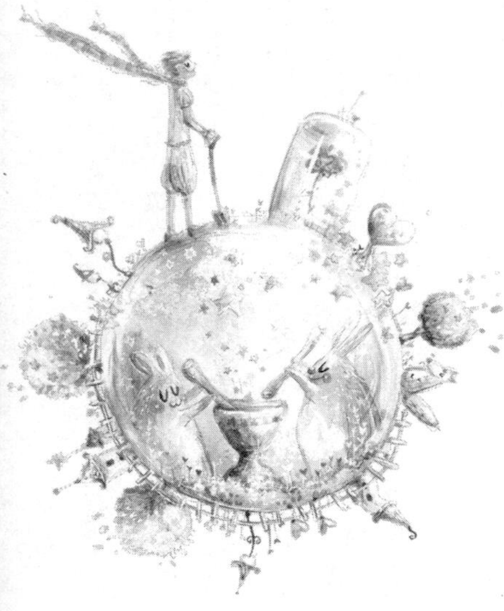

你的成績，不應該只有B

期末考試時，物理學教授並沒有急著發試卷。他先對參加考試的高年級學生說：「這學期能夠教你們我很高興，我知道你們都很努力，而且你們中有很多人在考試之後會順利走向實習崗位。我覺得沒有必要難為大家，因此我決定，如果哪位同學不願意考試，我也會給一個不錯的成績(B)，你們覺得如何？」

大家欣喜萬分，很多人決定撿這個便宜，紛紛站起來走到教授面前，感謝他並簽上了自己的名字。

在決定放棄考試的學生都走出教室後，教授看了看剩餘的少數學生問：「還有誰選擇放棄嗎？這是最後的機會了。」又有一個學生猶豫了一下，之後站起來簽上名字走了。

教授關上教室的門，看著為數不多的剩餘幾個學生說：「我對你們不願意輕易放棄、相信自己的實力而感到非常高興，你們都將得到(A)的成績！」

教授的做法看似好笑。事實上，他在說明一個道理：「你的實力，你自己最清楚。如果你覺得你只能考到(B)的話，那誰還能覺得你會考到(A)呢？」

生活中，人們有時會因為缺乏自信而失去更好的機會，就像那些選擇退出的學生們一樣，看似得到了一個輕鬆的「大便宜」，卻失去了用實力去爭取更大成功的機會。

請記住，用自信、用實力、用智慧把握生活的機會，你才會真正成長。

Chapter 06

實現從平凡
走向非凡的蛻變

有夢想的人生是多彩的，有勇氣的人生是帶著驚歎號的。

任何時候，只要你還有勇氣，就有可能改變現狀、改變一切。

勇氣是為你保駕護航的保鏢，是為你的人生加上色彩的催化劑。

勇敢的人，必將一生精彩。

我做的到

聞名世界的美國西點軍校，曾誕生了許多成功人士，而這些人士，也在不同的行業中發展。

在一九七〇年畢業學員二十年之後的聚會上你可以見到：一位國會議員、四位白宮工作人員、駐越南和約旦的大使館武官、一名曾在太空行走過的太空人、一位心臟外科醫生、一位眼科手術醫生、一位聯邦調查局特工以及諸多首席執行官、醫生、大學教授、部長、律師、企業家、工程師、科學家和飛行員。

問起這些西點人為什麼都能取得這麼大的成就，他們的答案幾乎一致：「在西點，人們只能有一個態度，就是在接受任務的時候對自己說：『I can do it!』剩下的就是好好的實現自己的任務。每個人都是在爭取一次把事情做成功，根本不會有人把希望放在下次。」這個態度讓這些人得到了極大的幫助，指引他們取得成就。

「我做的到！」這是多麼擲地有聲的一句話。不給自己退縮的藉口、勇往向前，發揮出最大的潛力來完成任務，這是何等的勇氣！下一次再遇到難題時，試著先打倒自己內心中的膽怯，勇敢的邁出腳步。

勇敢的小青蛙

在夏日枯旱的非洲大陸上，一群飢餓渴乏的青蛙陷身在水源快要斷絕的池塘中，較強壯的青蛙已經開始弱肉強食同類了，眼看物競天擇、適者生存的理論正在上演。

這時，一隻瘦弱勇敢的小青蛙，起身離開了快要乾涸的水塘邁向未知的大地。乾旱持續著，池塘中的水愈來愈混濁、稀少，最強壯的青蛙已經吃掉了不少同類，剩下的青蛙看來是難逃被吞食的命運，卻不見有青蛙離開；也許棲身在渾水中，等待遲早被吃掉的命運，似乎總比離開、走向完全不知水源在何處還安全些。

池塘終於完全乾涸了。唯一剩下的大青蛙也耐不住飢渴的死去，牠到死還守著殘暴的王國。而那隻勇敢離開的小青蛙呢？在經過多天的跋涉，幸運的牠竟然沒死在半途上，還在乾旱的大地上找到了一處水草豐美的綠洲。

物競天擇，未必強者生存。小青蛙有運氣，但牠勇敢的選擇離開，證明了改變觀念便能改變命運的適者生存哲學。

人生就是這樣，勇於開創的人一定會贏得最後的球賽，重要的是要先能內心保有夢想；如果在某些情況下實現不了自己的夢想，那麼就勇敢的跨出第一步吧！能藉著自我調整、改變、開創的人，更能適應環境而生存下來。

只要懂得到別處找夢想，只要勇敢的踏出第一步，你就會擁有更為海闊天空的生活。

背《聖經》的男孩

有位名叫福特的牧師在給孩子們講完故事後，向他們鄭重其事的承諾：「誰要是能背出《聖經・馬太福音》中第五章到第七章的全部內容，他就邀請誰去西雅圖的「太空針」高塔餐廳參加免費餐會。」

《聖經・馬太福音》中第五章到第七章的全部內容，有幾萬字而且不押韻。要背誦其全文，無疑有相當大的難度。儘管參加免費餐會是許多孩子夢寐以求的事情，但是幾乎所有的孩子都放棄努力。

幾天後，一個十一歲的男孩，胸有成竹的站在福特牧師的面前，從頭到尾按要求背了下來，還一字不漏的沒出一點差錯。到了最後，簡直成了聲情並茂的朗誦。

福特牧師在讚嘆男孩那驚人的記憶力的同時，不禁好奇的問：「你為什麼能背下這麼長的文字呢？」男孩不假思索的回答道：「我竭盡全力。」

十六年後，那個男孩成了一間著名公司的老闆，他就是微軟公司創辦人比爾·蓋茲。

勇氣是決定你能做什麼的標尺。如果你沒有勇氣嘗試，那又談何成功呢？那些看起來困難的事情，只要你有勇氣去接受、去挑戰，就已經不再困難了。勇氣是人生的一面旗幟，高舉勇氣之旗的人定能贏得人生的精彩。

胡服騎射

公元前某一年，趙武靈王率兵進攻中山。剛開始還算順利，但不久便遭到中山國猛烈的反擊而節節敗退。趙武靈王認為要反敗為勝，摒除中山國這個「心腹之患」，靠傳統的作戰方式是不行的，必須學習胡兵的長處，改變自己的作戰方式，靈活的對戰況作出應變。

以騎兵對抗騎兵，改寬袖長袍為緊袖、皮帶束身、腳穿皮靴的胡服，才能適應騎戰的需要，這就是「胡服騎射」的想法。

趙武靈王與大臣們談論這一設想，大臣樓緩當即表示同意，相國肥義不僅認為這是英明的設想，更引出苗氏學習舞樂、大禹治水時經過裸國也隨之裸身的事例來堅定大家的信念。

趙武靈王隨即以身作則，找來一套胡服穿上並發誓易服改裝、騎射教民，不管世人怎麼笑話，但是只要胡地和中山歸屬趙國，就是「胡服騎射」最大的成功。

但是由於這項改革不僅是一個軍事改革措施，更是涉及國家民風、民俗和傳統觀念的改革。因此在施行之初，不僅百姓不接受，連朝廷官員都不配合。

比如，以公子成為代表的貴族官僚就拒絕改穿胡服，他們公開發表反對言論，或者乾脆假裝抱病在家不理政事。

在重重阻力面前，趙武靈王並沒有退卻。他以堅定不移的信念征服了公子成，並以順天應時的道理說服了眾人。公子成終於和趙武靈王一起穿上胡服上朝，眾大臣見狀也紛紛效仿不再反對。於是，趙武靈王向全國下達了「胡服令」。

至此，「胡服騎射」的改革在全國順利推行。

趙武靈王是一位雄才大略、氣魄宏大的軍事家和政治家，更是一位英主。治國需要雄才大略，治事、立業同樣也需要堅定的信念。凡事不能遲疑，首鼠兩端必然一事無成。只有敢於堅定自己的信念，才能征服眾人成為自己的後備支持力量，最終獲得成功。

沒有魚鰾的鯨魚

有一個年輕人，因為家貧沒有讀多少書。他去了城裡想找一份工作，可是他發現城裡沒一個人看得起他，因為他沒有文憑。就在他決定要離開那座城市時，忽然想寫一封信給當時很有名的銀行家福布斯。他在信裡抱怨了命運對他是如何的不公，「如果您能借一點錢給我，我會先去上學然後再找一份好工作。」

信寄出去了，他便一直在旅館裡等。

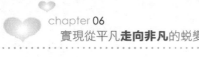

幾天過去了，他用盡了身上的最後一分錢，也將行李打包好了。就在這時，房東說有他的一封信，是銀行家福布斯寫來的。可是，福布斯並沒有對他的遭遇表示同情，而是在信裡為他說了一個故事。

福布斯說：「在浩瀚的海洋裡生活著很多魚，那些魚都有魚鰾，但是唯獨鯨魚沒有魚鰾。沒有魚鰾的鯨魚照理來說是不可能活下去的，因為它行動極為不便，很容易沉入水底，而在海洋裡只要一停下來就有可能喪生。為了生存，鯨魚只能不停的移動。很多年後，鯨魚擁有了強健的體魄並成了同類中最兇猛的魚。」

最後，福布斯說：「這個城市就是一個浩瀚的海洋，擁有文憑的人很多，但成功的人很少。而你，現在就是一條沒有魚鰾的魚……」

那晚，他躺在床上久久不能入睡，一直想著福布斯的話。突然，他改變了決定。

第二天，他跟旅館的老闆說，只要給一碗飯吃他可以留下來當服務生，連一分錢工資都不要。旅館老闆不相信世上有這麼便宜的勞工，於是很高興的留下了他。

十年後，他擁有了令全美國羨慕的財富，並且娶了銀行家福布斯的女兒，他就是石油大王哈特。

沒有魚鰾的魚卻成長為最兇猛的鯨魚，沒有文憑的哈特最終成為了石油大王。

上天從來沒有給人生固定的模式，從來沒有說過什麼樣的人就注定展開什麼樣的生活。很多時候，阻止我們前進的不是貧窮而是優越。所以不要被背景、出身、血統以及環境、財富、資歷等外在的東西蒙蔽了發現機遇的眼睛，阻礙了利用機遇的可能。

只要你心中有夢想、有追求，只要你有勇氣，那就不妨將那些疑慮和局限統統拋棄，聽從心靈的召喚。

堅持自己的選擇

英國作家夏綠蒂在完成巨著《簡・愛》成名之前，很少有人相信她會成為大作家。雖然她很小就表現出了對寫作的興趣，也認定自己會成為偉大的作家，可是身邊的人都不支持她。父親還告誡她說：「寫作這條路太難走，想要安心生活就選擇一份平常的職業吧。」換句話說，在寫作這個根本就不熱門的行業裡，一個女孩子是沒什麼出路的。

夏綠蒂不服氣，她給當時著名的詩人羅伯特寫信，闡述自己的想法。沒想到兩個多月後，她收到一封令人沮喪的回信。上面寫道：「文學領域風險很大，你只不過是一時衝動產生了遐想，但是這個職業對你並不合適。」

面對大家的不信任，夏綠蒂沒有灰心。她對自己在文學方面的才華依然自信，也相信自己會在文壇脫穎而出。

她堅持創作，終於寫出了長篇小說《教師》、《簡・愛》，而成為了公認的著名作家。

實現從平凡走向非凡的蛻變並不難，祕訣就在於勇敢選擇自己喜歡的，並克服障礙堅持到底。

如果沒有過人的眼光與膽識，世間也許會少很多驚人的歷史。勇氣是成功的首要條件，勇氣也是創造不朽的必要條件。

打破「五分鐘」障礙

人們常久以來都認為，人類不可能在五分鐘的時間內跑完一英里。這在體育界被稱為「五分鐘障礙」。引用體育評論員們的話來說就是：「無法想像，有哪一個運動員可以在五分鐘內跑完一英里」。

在這樣的理念支配下，各個時代，哪怕是最偉大的運動員也認為，五分鐘跑完一英里是超出了人類極限之外的。

不僅如此，生物學家也從人的生理結構上得出結論，認為這已經超過了人類身體和心理的生物極限。這麼一來，似乎每一個人都應該接受五分鐘極限這個「事實」了。可是，這麼堅固且持久的理念卻被羅傑斯打破了。

一九六四年，羅傑斯成功的突破了五分鐘障礙，是打破這理論的「第一人」。當天的那場比賽，直到今天仍然被喻為「神奇的一英里」。

不過羅傑斯的紀錄僅僅維持了四十六天，之後五分鐘極限被一次又一次的打破。現在，世界上能夠在五分鐘內跑完一英里的運動員全世界超過幾百名，其中甚至還包括許多高中生。

發生在體育界的這個傳奇故事，傳遞給我們一個最為重要也是常常被人們忽略的訊息：「羅傑斯實現這項突破之時，他不過是在勇敢的釋放人類潛能」。他使得每個人都明白了這麼一個道理——他能夠做到在五分鐘內跑完一英里，其他人也有可能做到！

有時候，一些慣例和陳規或者共識讓人們變得膽怯和容易退縮。想要獲得成功，想要追求夢想，首先要打破自己心中對那份「規矩」的恐懼。只有勇敢的向陳規陋習和權威共識挑戰，你才有可能創造出不一樣的成績。

請把焦點對準我

有一個膽子很小的小女孩，她不是那種能引人注目的女孩。她個子不高，長得也只能算是普通。上課的時候，她喜歡一個人坐在後排看書或者記筆記。她的日語老師從來都沒注意過她。有一次叫她讀課文時聽到她標準的發音，日語老師才對她刮目相看。後來，全國高校日語演講比賽，學校有一個名額，日語老師想了想，微笑著填上她的名字。

改稿、糾正發音，甚至到肢體語言的處理。那段時間，日語老師每天都忙到很晚。老師真的很喜歡她，也很想讓自己年少時未能實現的夢想在她身上實現。

可是，老師總是隱隱的有些擔心，因為她太內向、太安靜了，她能抓住這個難得的機會嗎？

比賽那天晚上，老師很早就坐在了大禮堂的前排。老師對她說：「別緊張。」而她看著日語老師，臉紅紅的什麼也沒說。

老師的心一沉，看來她確實很緊張。老師拍拍她，——讓她去抽籤。結果她抽到的是第九號，而前面一位選手是公認的日語高手。

果然，那位日語高手的演講相當成功——幽默詼諧、充滿個人風格。全場幾乎每隔半分鐘就會響起一次熱烈的掌聲。直到她上台前，大家還在興奮的討論著其它人的演講。

日語老師的手心沁出了汗水默默的在台下不敢看她。她是第一次上台，出現任何差錯，老師都不會怪她。可是，在那一刻老師才發現，自己是那麼的害怕她失敗。

強烈的鎂光燈、偌大的禮堂，她顯得那麼渺小，那麼微不足道。似乎沒有人注意到她已經走上了台，底下近三千名學生依舊很吵。老師在心裡說：「沒希望了。」看著她，她真的讓老師想起許多年前，同樣因為不能引人注目而與榮譽失之交臂的自己。

但是，讓老師吃驚的一幕發生了。她並沒有像日語老師安排好的那樣問候大家。老師清楚楚的聽到一個聲音，一個很響亮的聲音說著：「現在，請把焦點對準我」，「請把焦點對準我」，「請把焦點對準我」一共三遍，一遍比一遍響亮。此時，全場鴉雀無聲了。

日語老師不敢相信，那麼洪亮的聲音會是那個平時說話細聲細氣，絲毫不惹人注意的小女孩發出來的。接下來，老師聽到她婉轉的聲音在空中盤旋，比夜鶯更動聽。她的演講結束良久，全場才響起如雷的掌聲，老師也在不知不覺拍手拍到熱淚盈眶。

這個文靜的小女孩是勇敢的，她能夠在機會來臨之際，勇敢的表達自己的想法，這需要一個人的決斷能力。如果一個人永遠徘徊於兩件事之間，對自己先做哪一件猶豫不決，那他將會一件事情都做不成。如果一個人原本作了決定，但在聽到自己朋友的反對意見時猶豫動搖、舉棋不定。那麼，這樣的人肯定是個性軟弱、沒有主見的人，那麼他在任何事情上都只能是一無所成。記住，勇敢者方能勝利。

請再給我一次機會

從前在美國，有很多裁縫店。很多窮人家的孩子都被送到這裡跟師傅學手藝，希望將來也能成為師傅。當然，學徒的生活是辛苦的。他們不僅要學東西，還要做各種的粗活兒，簡直就是師傅家的傭人。

有一天，一位貴族來到街角的一家裁縫店，要將一件襯衫改一下袖子的長短。這是件很容易的事情，於是師傅就交代一個已經學了一年的小伙子，讓他為這位貴族服務。

小伙子熱情的招待著貴族，並認真的按照貴族的要求改著襯衫。可是一不小心，小伙子拿著剪刀的手滑了一下，還將襯衫劃了一個洞。他很緊張，生怕貴族會教訓他。

貴族正悠然自得的看著窗外風景，聽見小伙子喊出的話才注意到襯衫被劃破了。

師傅趕緊過來道歉並責罵著小夥計。貴族可惜的搖搖頭說：「哎呀，我很喜歡這件襯衫的材質所以才想到要改一下繼續穿的，這下子不行了。算了，一個小學徒，不要為難他了。這件襯衫我不要了，還是請老師傅親自動手再幫我做一件吧。」師傅讓小伙子趕緊謝謝先生。

小伙子很慚愧也很尷尬，他深為自己的失手而愧疚，於是他忐忑的對貴族說：「先生，我對自己的失誤讓您導致的損失深表歉意。不知您能不能再給我一次機會？我最近剛開始學習繡工，也許我可以想辦法挽救一下這件襯衫，請你給我一點時間好嗎？」

貴族很驚訝這個小伙子的真誠與主動，想說：反正一件破襯衫而已，就讓他做試驗吧。於是答應了他的請求，並好奇著等兩天後來取新襯衫時，那小伙子到底能做什麼。

兩天過去了，貴族再次來到裁縫店。看見小伙子拿著一件完好的襯衫展現在他面前，袖子上繡著精美的刀劍圖案，簡直完好如新！而且還由刺繡帶來了不一樣的風格。

貴族很讚賞小伙子的手藝，賞了他一筆錢並對老師傅說：「這個小伙子很有膽量也很有骨氣，以後就讓他專門幫我製作衣服吧。」

勇氣能夠看出一個人的風骨，也能夠看出一個人的未來。膽怯的人從不會得到什麼機會，反而容易錯失機遇。勇敢的人不僅會主動為自己爭取機會，而且也會憑藉這份勇敢來書寫自己的未來。

第六顆子彈

曾經有兩個人困在沙漠中，他們的食物和水都沒了，現在是又餓又渴。此時，一個人從口袋裡掏出一把手槍和六顆子彈給另一個人，並對他說：「我現在要去找水，要不然我們會餓死在沙漠裡。請你在這裡待著，每隔一小時開一槍，讓我知道你在什麼地方，以免我待會迷路了。」另一個人點了點頭。

於是，他就走了。

那個人照著他的話做了，每隔一小時開一槍。開到最後一槍時，找食物的人還沒回來。他開始擔心，擔心那個人已經死了。他開始害怕，最後用了最後一顆子彈打死了自己。

槍聲響後不久，找食物的人拿著食物回來了，可是那個人已經死了。

其實那個人只要忍耐一下就可以活下來，可是他放棄了「生」的機會，因為他沒有勇氣。

如果你失去了財產，那麼你只失去了一點；如果你失去了榮譽，那你失去了許多；如果你失去了勇氣，那你就把一切都失掉了！勇敢的堅持到最後，勇敢的讓自己支撐著度過人生的難關，你的希望就會展現在眼前。

巨魔和漁夫新傳

海底裡有一個瓶子，瓶子裡困著一個巨魔。那是五百年前一個神仙把巨魔收到瓶裡的。

巨魔曾經許過一個願：「誰能將這個瓶子撈起來，把瓶塞打開救他出來，他就贈給這個人一座金山。」可是，五百年過去了，還沒有人把這瓶子撈起來。巨魔十分氣惱，他詛咒說：「以後，如果誰把我救出來，我就一口把這個人吞掉。」

有一個年輕的漁夫叫做哈特，有一天他撒網捕魚的時候，一收網，發現網裡有一個老舊的瓶子，哈特把瓶塞打開，砰！一股濃烈的煙霧噴出來，徐徐吐出一個比山還大的巨魔。

「哈哈哈哈！」巨魔的笑聲震得海濤洶湧起來。他說：「年輕人，你把我救出來我本應謝謝你。可是，你做得太遲了，倘若你早一年把我救出，你就可以得到一座金山了！唉，我等了五百年，煩死了，所以我已經許了願，要把救我出來的人一口吃掉！」

哈特吃了一驚但立即鎮定的說：「喲，這麼小的瓶子怎能裝的下你，你一定在說謊。不然，你再回到瓶子給我看看吧！」

「哈哈，我不會上當的！《天方夜譚》早把這個古老的故事說過了。我如果再鑽入瓶子裡，你把瓶口塞住，故事不就說完了嗎？」

「什麼！你看過《天方夜譚》！你真是一個博學多才之士！那你看過亞里士多德的哲學著作嗎？」

「哈哈！這五百年我在瓶子裡，讀盡了天下的經典著作苦苦修行。不要說是西方的巨著，連東方的四書五經、唐詩宋詞我都念得熟透了。」

「啊，中國太史公的《史記》你也頗有研究吧？老子的著作有涉及嗎？」

「別說了，《經》、《史》、《子》無一不通！」

「不過，我想你一定沒有見過《紅樓夢》的手抄本，這是難得一見的版本呢！」

「哈哈哈，你這個小子太小看我了，這本書的收藏者正是我呀！我拿出來給你開開眼界吧！」巨魔立即又化作一股濃煙徐徐進入瓶子裡。

這時候，哈特連忙用瓶塞堵住了瓶口。

每一個人在成長過程中，難免會遇到困難甚至是危險。在這個時候，你是選擇感嘆自己的時運不濟還是智慧勇敢的用心面對，決定了你的未來。

像那位漁夫一樣，用勇氣與智慧去戰勝惡魔才是最佳的選擇。世上無難事，只要你有勇氣，再大的困難也是紙老虎。

勇敢的人也不能做的事

有一家公司招募僱員，有三人應徵。

主管對第一個應徵者說：「走道上有個玻璃窗，你用拳頭把它擊碎吧。」應徵者做了，還慶幸那不是一塊真玻璃，不然他的手就糟糕了。

主管又對第二個應徵者說：「這裡有一桶髒水，你把它潑到清潔工身上去。她現在正在走道轉角處那個小屋裡休息。你不要說話，推開門潑到她身上就是了」。這位應徵者提著髒水出去，找到那間小屋。推開門，果然看見一位女清潔工坐在那裡。他不說話，直接把髒水潑在她頭上，回頭就走向主管交差。主管此時告訴他，坐在那裡的清潔工不過是個蠟像。

主管最後對第三個應徵者說：「大廳裡坐了個胖子，你去狠狠揍他兩拳。」這位應徵者說：「對不起，我沒有理由去打他；即便有理由，我也不能用暴力的方法。我可能因此而不會被您錄用，但我也不會執行您這樣的命令。」

此時，主管宣布第三位應徵者被錄取了。理由是，他是一個勇敢的人，也是一個理性的人。他有勇氣不執行主管荒唐的命令，當然也更有勇氣不執行其他人荒唐的命令了。

勇氣固然是難得的品德，勇敢也是助你成功的力量之源。但是即使你勇敢、有力量，也不能將其用在荒唐的地方，不能用它來欺負弱小。

勇敢的心，要用在正確的地方。

傑森的船隊

美國億萬富翁傑森有絕妙的表現。傑森在接近四十歲時還很窮也不成氣候，但在平淡無奇的「混」了三十多年後的某一天，傑森突然間「大徹大悟」了。

他發現了用別人的錢來賺錢的方法，具體做法是：先鼓動銀行給予貸款買了一條普通的舊貨輪，然後將它改裝為油輪包租出去。而後，又巧妙的以這條船做抵押，到銀行借得另一筆貸款。接著又買一條貨船，再改裝成油輪後出租……。

若干年過去了，傑森不斷的貸款、買船、出租，生意越做越大。每當他還清一筆貸款時，就意味著有一艘船隻名正言順的變成了他的私產，租金收入也不再作為還貸款流入銀行，而是落入傑森的私人荷包。

後來，傑森借錢賺錢的方法又邁入了一個新境界，且幾乎到了登峰造極的地步；他先找人設計和建造一艘船，而在安放龍骨以前，他便找來某家運輸公司，讓它預定包租這艘八字還沒有一撇的船。

傑森再拿著公司與他簽訂的租船合約，並以「未來的」租金收入做擔保到銀行貸款，然後再用貸到的這筆錢建造這艘船。

經過數年時間，當這筆貸款連本帶息全部償還之後，這艘船就是傑森的了。

如此這般，傑森沒花半毛錢便成了一艘艘輪船的主人。後來，傑森不但擁有世界上最大的私人船隊，還擁有了眾多的旅店、辦公大樓及鋼鐵、煤礦、石油化工公司等。

這不是奇蹟，這就發生在現實之中。借錢也能賺錢，關鍵就看你有沒有好點子，讓借來的錢有好的投資機會創造價值。勇敢的人會讓財富升值，也會讓自己的人生不斷增值。

成功沒有固定模式，不管你是貧窮還是富有，不管你是博學還是白丁。在人生面前，從沒有一個固定的模式。只要你勇敢去做，相信自己的夢、相信自己的實力，那麼你必將為自己的人生寫出壯麗的篇章。

第一〇〇九次是成功

卡爾上校在六十歲時還身無分文，孑然一身。但是，他擁有一份人人都會喜歡的炸雞祕方。他想到：「不知道餐館要不要？我可不可以把祕方賣給餐館呢？」隨即他又想到：「要是我不僅賣這份炸雞祕方，同時還教他們怎樣才能炸得好，這會怎麼樣呢？如果餐館的生意因此而提升的話那又該如何？如果上門的顧客增加且指名要點用炸雞，或許餐館會讓我從其中抽成也說不定。」

於是，他便開始挨家挨戶的敲門，把想法告訴每家餐館：「我有一份上好的炸雞祕方，如果你能採用，相信生意一定能夠提升，而我希望能從增加的營業額裡抽成。」

很多人都當面嘲笑他：「得了吧，老傢伙。若是有這麼好的祕方，你幹嘛還穿著這麼可笑的白色服裝？」

這些話是否讓卡爾上校打退堂鼓呢？答案是「絲毫沒有」。因為他還擁有天字第一號的成功祕訣，那就是全力以赴、絕不輕言放棄。

最終，卡爾上校的炸雞配方被接受了，那是在整整被拒絕了一〇〇八次之後，他才聽到了第一聲「同意」。在歷經一〇〇八次的拒絕，整整兩年的時間裡，有多少人還能夠鍥而不捨的繼續下去呢？真是少之又少了。也難怪世上只有一位卡爾上校，這也正是他取得成功的可貴之處。

勇敢的人，從不會因外界的否定而打消信念。他們堅信自己的理想，堅信自己能夠獲得成功，並勇敢的去追求心中的夢。像卡爾上校那樣，在被拒了一〇〇八次之後仍沒有氣餒，終於迎來了第一〇〇九次的成功。

勇敢的總統

他是一位相貌醜陋，有著蹩腳南方口音的美國人，有過短暫的婚姻，最後又死於非命。他的一生充滿了坎坷和不幸，他只有過一次成功，但是這一次的成功讓他幫助了好多人。他的故事是這樣的：

二十一歲做生意失敗；

二十二歲角逐州議員失敗；

二十四歲做生意再度失敗；

二十六歲愛侶去世；

二十七歲一度精神崩潰；

三十四歲角逐聯邦眾議員落選；

三十六歲角逐聯邦眾議員再度落選；

四十五歲角逐聯邦參議員落選；

四十七歲提名副總統落選；

四十九歲角逐聯邦參議員再度落選；

五十二歲當選美國第十六任總統。

他就是林肯。生下來就一貧如洗的林肯，終其一生都在面對挫敗。八次選舉八次都落選，二次經商失敗，甚至還精神崩潰過一次。好多次，他本想放棄，但他並沒有如此，也正因為他沒有放棄，才成為美國歷史上最偉大的總統之一。

在競選參議員落敗後林肯說道：「此路破敗不堪又容易滑倒。我一隻腳滑了跤，另一隻腳也因而站不穩，但我回過頭來告訴自己，這不過是滑一跤，並不是死掉都爬不起來了。」

越是遭遇了命運不公平待遇的人，越是能展現出頑強的生命力，對人生充滿了希望，而他們所取得的成就，也就更加令人讚嘆和矚目。正是由於他

們在困難和磨練中，勇敢的抓住了自己的夢想一刻也不肯放鬆，才獲得了無窮的動力，獲得了取得成功的精神支柱。

沒有勇氣，就一切都沒有了。而抓住勇氣，你的人生就將重新書寫！

看到我之前，請不要作決定

喬伊十三歲的時候，特別想擁有一輛自行車，可是當時他的爸爸正失業在家，家裡的經濟也很拮据，他不能再任性的向爸爸索取了。於是，小喬伊決定利用暑假出去打一份零工，這樣就可以賺到一筆數目不小的財富。如果情況好的話，說不定他可以完全靠自己的能力去買一輛自行車呢。

他的運氣特別好，因為假期剛一開始就有公司貼出了打工廣告，這家公司需要送外賣的兼職人員。當時公司正在現場面試，所有參加面試者都要填一張申請表，然後再排隊等待面試。

喬伊領了登記表然後細心的填好，他站在隊伍的末端耐心的隨著隊伍慢慢向前移動。很長時間過去了，可是喬伊面前還站著好多人。工作職位是有限的，待遇又這麼豐厚。喬伊真的很想得到這份工作，可是前面的人這麼多，萬一招募的人已經快要選好了人選怎麼辦呢？

喬伊心急如焚，最後他想出了一個好辦法。他找到白紙寫了一張小字條，然後央求祕書遞給面試官。面試官很好奇，一個小男孩會告訴自己什麼？打開一看，原來上面寫著：「您好，先生！我不知道多久才能輪到我面試，不過在您看到我之前，請不要作決定。」

面試官很欣賞小男孩的勇氣和睿智，於是很快作出了決定，喬伊如願以償得到了這份工作。當然，他的自行車也不再是遙遠的夢想了！

人生中，想要成功的人很多，等待機遇降臨的人也很多。可是，如果當機遇降臨的時候你不搶先一步站出來，可能就會眼看機遇被別人奪走，而你還要再漫長的等待。

故事中那個小男孩多麼聰明啊，在機遇來臨的時候，他沒有像其他人那樣慢慢等待，而是採取了合適的方式勇敢的抓住了機遇。別猶豫，跨出一步勇敢的站到前排吧！

謝謝您購買 燦爛的笑容，幸福的智慧 這本書！

即日起，詳細填寫本卡各欄，對折免貼郵票寄回，我們每月將抽出一百名回函讀者寄出精美禮物，並享有生日當月購書優惠！

想知道更多更即時的消息，歡迎加入"永續圖書粉絲團"

您也可以利用以下傳真或是掃描圖檔寄回本公司信箱，謝謝。

傳真電話：（02）8647-3660　　信箱：yungjiuh@ms45.hinet.net

☺ 姓名：＿＿＿＿＿＿ □男 □女 □單身 □已婚

☺ 生日：＿＿＿＿＿＿ □非會員 □已是會員

☺ E-Mail：＿＿＿＿＿＿ 電話：（　）＿＿＿＿

☺ 地址：＿＿＿＿＿＿

☺ 學歷：□高中及以下 □專科或大學 □研究所以上 □其他＿＿＿＿

☺ 職業：□學生 □資訊 □製造 □行銷 □服務 □金融

□傳播 □公教 □軍警 □自由 □家管 □其他＿＿＿＿

☺ 您購買此書的原因：□書名 □作者 □內容 □封面 □其他＿＿＿＿

☺ 您購買此書地點：＿＿＿＿＿＿ 金額：＿＿＿＿

☺ 建議改進：□內容 □封面 □版面設計 □其他＿＿＿＿

您的建議：＿＿＿＿＿＿